ANATOMÍA DEL NARCISISMO

Del Niño Herido Al Ego Integrado

SERIE NARCISISMO
LIBRO II

EDNA L ISAAC

Anatomía del Narcisismo, del Niño Herido al Ego Integrado

ISBN: 978-1-938432-70-5 (paperback)

ISBN: 978-1-938432-71-2 (Ebook)

Este libro incorpora una ***Guía de Estudio*** *y un* ***Assessment Integral-Espiritual del Narcisismo****. El assessment provee un análisis estructurado y recomendaciones personalizadas basadas en los resultados, integrando perspectivas clínicas, emocionales y espirituales para apoyar el proceso de reflexión y crecimiento del lector.* Además, este libro forma parte de la Serie NARCISISMO, una colección dedicada a comprender las dinámicas narcisistas y promover la sanidad emocional, espiritual y relacional.

Este libro fue asistido con la ayuda de IA

Impreso en los Estados Unidos de América

ÍNDICE

ANATOMÍA DEL NARCISISMO

DEL NIÑO HERIDO AL EGO INTEGRADO

Cómo los rostros del narcisismo
Afecta tu vida, tus relaciones y tu fe.

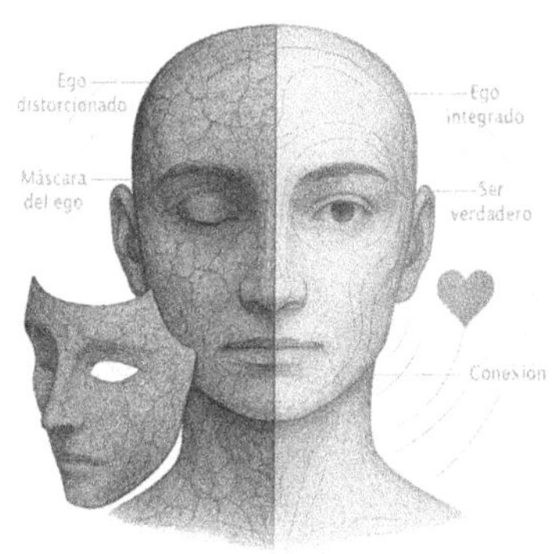

Este libro forma parte de la Serie NARCISISMO, una colección dedicada a comprender las dinámicas narcisistas y promover la sanidad emocional, espiritual y relacional.

PRÓLOGO ESCRITO POR

DR. PETER BURGOS VEGA PSY.D

El narcisismo no es, como popularmente se malinterpreta, una manifestación de exceso de amor propio. Es, en su núcleo más íntimo, una estructura psíquica organizada alrededor de la carencia, la herida y la negación.

Esta obra de Edna Isaac no se limita a describir el fenómeno; lo desarticula con precisión clínica y una notable sensibilidad humana, atreviéndose a exponer aquello que muchos discursos evitan: la fragilidad que sostiene la grandiosidad.

La negación de la herida primaria no constituye una decisión consciente, sino una estrategia de supervivencia emocional que, con el tiempo, se cristaliza en una prisión intrapsíquica.

Isaac recoge esta línea teórica y la traduce con maestría en una narrativa accesible, sin diluir su profundidad, permitiendo al lector reconocer que detrás de toda arrogancia hay una historia no elaborada de ruptura emocional.

El texto también establece un diálogo implícito sobre la identidad narcisista como una organización frágil, incapaz de sostener una integración emocional estable.

La obra expone con claridad esta oscilación: momentos de aparente insight seguidos por defensas intensas que reinstalan la negación. No estamos ante un déficit de inteligencia ni de voluntad, sino ante una arquitectura psíquica diseñada para evitar el colapso.

Uno de los aportes más significativos del libro radica en su capacidad de evidenciar que el narcisista no solo niega su herida: se constituye desde esa negación.

Su identidad está profundamente entrelazada con la evitación del dolor. En este sentido, el cambio no puede reducirse a una modificación conductual; implica confrontar el riesgo existencial de perder la estructura que ha garantizado su supervivencia emocional.

Esta comprensión redefine no solo el abordaje clínico, sino también la dinámica de pareja y las expectativas realistas de transformación.

Edna Isaac nos convoca a trascender la superficie conductual y adentrarnos en la lógica interna del narcisismo. Nos recuerda, con rigor y humanidad, que donde hay rigidez, hubo trauma; donde hay grandiosidad, hubo vacío; y donde hay control, hubo desamparo.

La obra no idealiza ni condena: explica, contextualiza y confronta.

Para el clínico, este texto se erige como una herramienta de lectura profunda del aparato psíquico. Para la víctima relacional, ofrece un mapa que otorga claridad sin fomentar falsas esperanzas. Y para el lector general, representa una invitación a enfrentar una verdad incómoda pero esencial: no se puede sanar aquello que no se reconoce, y no se puede reconocer aquello que la identidad misma se empeña en ocultar.

Este libro no promete soluciones inmediatas. Ofrece algo más exigente, pero infinitamente más valioso: conciencia.

Y en la estructura narcisista, la conciencia no es solo el inicio del cambio…es, en muchos casos, el primer acto genuino de transformación psíquica.

Dr. Peter Burgos Vega, Psy.D.

NPI: 1720402332

San Juan, Puerto Rico

4 de abril de 2026

INTRODUCCIÓN

CUANDO EL EGO SE CONVIERTE EN UN LABERINTO

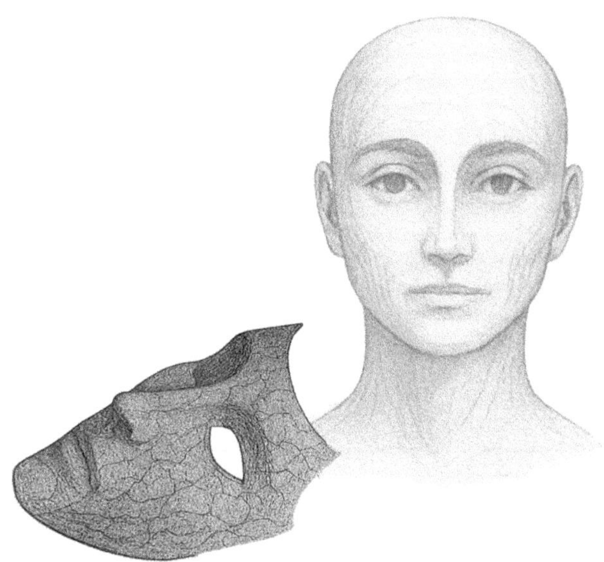

Este libro nace de la convicción de que la comprensión profunda del ser humano puede abrir caminos de libertad, crecimiento y restauración. Su origen no es meramente intelectual; es vivencial, relacional y profundamente humano. Se nutre de historias reales, de dinámicas que moldean nuestras relaciones y de patrones emocionales que, una vez comprendidos, pueden transformarse en oportunidades de desarrollo personal y espiritual.

Durante mis años de liderazgo, como consejera, pastora y profesional en el campo de la salud mental, he tenido la oportunidad de acompañar procesos profundos y complejos. A través de estas experiencias —y de más de 26 años sirviendo en contextos ministeriales y comunitarios— he sido testigo de historias que pueden quebrar el corazón de cualquiera, relatos que revelan tanto la fragilidad humana como la sorprendente capacidad de resiliencia que Dios ha depositado en cada persona.

Este proyecto tomó forma a través de conversaciones significativas con personas que buscaban claridad, un lenguaje y una dirección. De encuentros con individuos que, aun en medio de la confusión, mostraban una admirable capacidad de resiliencia. De líderes que anhelaban reconectar con su identidad. De creyentes que deseaban distinguir entre lo espiritual y lo emocional. De familias que aspiraban a relaciones más sanas y auténticas. Cada una de estas experiencias aportó una pieza esencial a la comprensión integral que hoy comparto.

También nació de mis propios procesos internos: de silencios que se convirtieron en reflexión, de preguntas que impulsaron el crecimiento y de verdades que Dios reveló en momentos clave de mi vida. Lo que en un tiempo fue incertidumbre, hoy lo reconozco como parte de un camino formativo que fortaleció mi visión clínica, espiritual y humana.

Y, sobre todo, este libro nació de un anhelo profundo: ofrecer a otros el recurso que yo misma hubiera deseado tener en etapas decisivas de mi historia. Un marco conceptual que facilitará decisiones más conscientes, relaciones más saludables y una fe más sólida. Un lenguaje que ayudará a comprender lo que antes parecía inexplicable. Una guía que acompañará procesos de sanidad emocional y restauración espiritual.

Recordé entonces las palabras de Toni Morrison:

> **"Si hay un libro que deseas leer, pero aún no ha sido escrito, entonces debes escribirlo."**

Ese pensamiento se convirtió en impulso y responsabilidad.

Durante años escuché expresiones como:

- "No sé qué me pasó."
- "No sé quién soy."
- "No sé por qué sigo atado a una relación que me hiere."
- "No sé cómo sanar."
- "No sé cómo volver a confiar en Dios."

Al analizar estas narrativas, identifiqué un patrón común: la presencia de dinámicas narcisistas en alguna de sus formas.

Pero también descubrí algo aún más importante: detrás de cada herida existe una posibilidad de restauración, y detrás de cada historia, un Dios dispuesto a acompañar el proceso.

Este libro es mi contribución a esa esperanza. Es un puente entre el conocimiento clínico y la sensibilidad espiritual; una invitación a comprender con profundidad, pero también a sanar con propósito. Busca ofrecer lenguaje donde antes hubo silencio, claridad donde hubo confusión y herramientas donde antes solo había intuición.

Mi deseo es que este libro se convierta en una guía significativa en tu propio camino. Si has sido afectado por dinámicas narcisistas, que encuentres aquí dirección y alivio. Y si reconoces en ti algunos de estos patrones, que descubras que la transformación es posible, alcanzable y real cuando existe disposición, acompañamiento y una intervención integral que une lo clínico, lo espiritual y lo humano.

Este no es un libro sobre el dolor, sino sobre la posibilidad. Sobre la capacidad humana de reconstruirse. Sobre la gracia que restaura. Sobre la verdad que libera. Sobre el poder de comprender para sanar.

Heridas que el alma reconoce

Hay heridas que se sienten en el cuerpo, otras en la mente, y otras tan profundas que solo el alma sabe nombrarlas. Entre esas heridas silenciosas, una de las más incomprendidas —y a la vez más destructivas— es la que nace del narcisismo. No del narcisismo como insulto, ni como etiqueta ligera, sino del narcisismo como estructura emocional, relacional y espiritual que moldea la forma en que una persona ama, se relaciona, se protege y se percibe a sí misma.

Como plantea Kernberg (1975), el narcisismo patológico no es simplemente un exceso de amor propio, sino una defensa psicológica compleja que surge para proteger al individuo de un vacío interno profundo e intolerable.

Vivimos en una generación donde la palabra "narcisista" se usa para describir desde un comportamiento egoísta hasta un abuso emocional severo. Pero la verdad es que no existe un solo narcisismo, sino múltiples expresiones, cada una con raíces, motivaciones y consecuencias distintas. Algunas nacen del dolor. Otras del ego. Otras del poder. Y otras se esconden detrás de la espiritualidad.

Lo que dice la evidencia científica

La evidencia científica confirma la magnitud del problema. Estudios epidemiológicos recientes estiman que entre 1% y 6.2% de la población presenta un Trastorno Narcisista de la Personalidad (American Psychiatric Association, 2022).

Además, investigaciones del NIH (2023) muestran que el NPD es más frecuente en hombres (7.7%) que en mujeres (4.8%). Pero las cifras más alarmantes no son las de los narcisistas, sino las de quienes han sido afectados por ellos.

- Entre el 40% y el 60% de las personas que han tenido una relación íntima con un narcisista desarrollan

síntomas compatibles con trastorno de estrés postraumático (TEPT) (Freyd, 2021).
- El 75% reporta pérdida significativa de autoestima, confusión de identidad y aislamiento social (Day et al., 2022).
- Más de la mitad de quienes crecieron con un padre o madre narcisista (52%) desarrollan patrones de codependencia, hipervigilancia emocional o dificultades para establecer límites (Wright & Crawford, 2020).

Cuando el narcisismo se mezcla con espiritualidad

Cuando el narcisismo se mezcla con espiritualidad, el impacto psicológico y relacional es aún más profundo. Sin embargo, es importante subrayar que este fenómeno no se limita a una tradición religiosa específica. La literatura clínica y sociológica demuestra que cualquier sistema humano —cultural, ideológico, religioso, profesional o comunitario— puede convertirse en un entorno de control, manipulación o abuso cuando se estructura alrededor de dinámicas narcisistas.

Esto incluye no solo iglesias o comunidades de fe, sino también:

- movimientos espirituales alternativos
- cultos o sectas
- grupos de autoayuda

- organizaciones educativas
- entornos laborales altamente jerárquicos
- comunidades artísticas o de celebridades
- espacios políticos
- clubes sociales o fraternidades
- incluso grupos familiares que funcionan como microsistemas cerrados

En otras palabras, no es la religión lo que produce el abuso, sino la combinación de poder, vulnerabilidad y rasgos narcisistas dentro de cualquier estructura humana.

Sin embargo, es importante recalcar que un estudio reciente encontró que líderes con rasgos narcisistas elevados tienen tres veces más probabilidad de utilizar lenguaje religioso o espiritual para manipular, controlar o justificar comportamientos abusivos (Pérez & Gibson, 2023).

Narcisismo santo o espiritualizado

Este fenómeno —conocido como narcisismo santo o narcisismo espiritualizado— es particularmente devastador porque hiere no solo la psique, sino también la fe, la identidad y la capacidad de confiar.

Desde una perspectiva pastoral, es fundamental aclarar que no todas las iglesias, religiones o comunidades espirituales son abusivas. Existen congregaciones sanas, líderes íntegros y espacios donde la fe se vive con humildad, servicio y amor. Así como en cualquier ámbito social encontramos extremos

—lo saludable y lo destructivo— también ocurre en la vida espiritual. Por eso, el discernimiento es esencial.

Un paso crucial en el proceso de sanidad es aprender a distinguir entre la fe genuina y las estructuras abusivas. Muchas personas, tras haber sido heridas en un contexto religioso, tienden a rechazar toda forma de espiritualidad o comunidad. Esta reacción es comprensible desde el trauma, pero no siempre conduce a la restauración.

La sanidad profunda requiere separar:

- lo que proviene de Dios
- de lo que proviene de sistemas humanos distorsionados

No se trata de culpar a todos ni de invalidar la experiencia espiritual, sino de reconocer que el abuso puede aparecer en cualquier grupo donde el narcisismo se normaliza y la autoridad no tiene límites.

Por eso, aprender a identificar estas dinámicas —sin generalizar ni demonizar a comunidades enteras— es esencial para evitar repetir patrones, protegerse de ambientes manipuladores y reconstruir una relación saludable con Dios, con uno mismo y con la comunidad.

Tipos de narcisismo: del niño herido al narcisismo santo

El narcisismo no siempre nace de la maldad.

Muchos adultos narcisistas fueron primero niños heridos, invisibles, ignorados o emocionalmente abandonados. Aprendieron a sobrevivir creando un yo falso, un yo fuerte, un yo que no necesitaba a nadie. Ese yo se convirtió en su escudo, pero también en su prisión.

Otros desarrollaron un narcisismo más frío y calculador. No para protegerse, sino para dominar. Para controlar. Para manipular. Para obtener lo que desean, sin importar el costo emocional que implica para quienes los rodean.

Y luego está el narcisismo santo: el que se viste de espiritualidad, el que usa a Dios o alguna deidad como argumento, el que manipula con versículos, el que controla con profecías, el que hiere en nombre de la santidad o de su religión.

Este libro no solo los nombra. Los expone. Los explica. Los desarma. Y, sobre todo, te muestra cómo sanarte de ellos.

El impacto del narcisismo es profundo y multidimensional

El narcisismo no afecta solo la conducta. Afecta:

- la identidad
- la autoestima
- la capacidad de amar
- la forma de relacionarse
- la percepción de Dios
- la espiritualidad

- la salud emocional
- la visión del mundo

Quien ha amado a un narcisista, crecido con uno, trabajado con uno o sido guiado espiritualmente por uno, sabe que el impacto es real, profundo y duradero. La ciencia lo confirma; la experiencia lo grita.

Este no es un libro para señalar, sino para iluminar

No escribo estas páginas para condenar, sino para revelar. No para acusar, sino para discernir. No para dividir, sino para sanar.

Mi propósito es que puedas:

- entender los diferentes tipos de narcisismo
- identificar cómo te han afectado
- reconocer cómo han moldeado tus relaciones
- discernir cómo han influido en tu vida espiritual
- encontrar caminos de sanidad, límites y restauración

Porque la verdad es esta: el narcisismo no solo hiere el corazón, sino también hiere la fe. Y cuando la fe se hiere, la identidad se fragmenta.

Herramientas incluidas en esta obra

En esta obra, el lector no solo encontrará un análisis profundo sobre la anatomía del narcisismo, sino también herramientas diseñadas para acompañar su proceso de comprensión y transformación. Por esta razón, he incluido una Guía de Estudio estructurada y un Assessment Integral-Espiritual del Narcisismo.

Este assessment permite identificar patrones, niveles de impacto y áreas de crecimiento personal. Cada resultado viene acompañado de recomendaciones personalizadas, integrando perspectivas clínicas, emocionales y espirituales que facilitan un proceso de autoconciencia más claro, honesto y restaurador.

Una invitación a la verdad y a la libertad

Este libro no es liviano. No es superficial. No es cómodo. Pero es necesario.

Porque cuando entendemos la anatomía del narcisismo, entendemos también la anatomía de nuestras heridas, de nuestras relaciones y de nuestra fe. Y desde ese entendimiento, podemos comenzar a reconstruirnos desde un lugar más sano, más libre y verdadero.

Te invito a caminar conmigo por estas páginas. A mirar con valentía. A discernir con claridad. A sanar con profundidad. A reencontrarte con Dios sin filtros humanos. A reencontrarte contigo misma sin máscaras.

Este es el comienzo de un viaje hacia la verdad, la identidad y la libertad.

Bienvenidos a *Anatomía del Narcisismo: Del Niño Herido al Ego Integrado.*

CAPÍTULO UNO

EL NIÑO HERIDO: LA HERIDA PRIMARIA QUE DA ORIGEN AL NARCISISMO

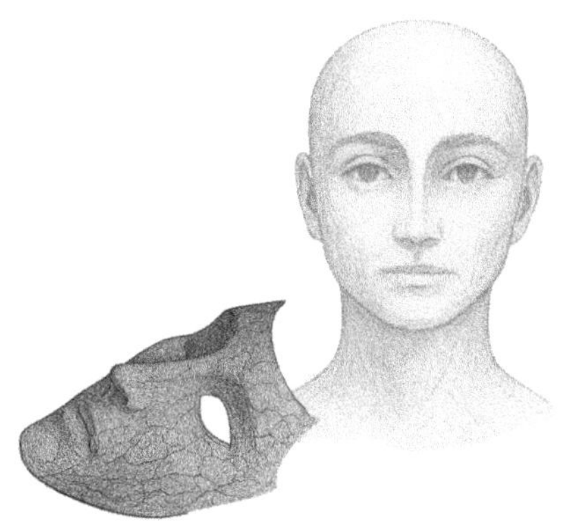

La raíz silenciosa detrás de cada forma de narcisismo

Antes de que exista el narcisista adulto —el controlador, el manipulador, el distante, el arrogante o incluso el "santo"— existe un niño. Un niño que no fue visto, no fue escuchado y no fue validado. Un niño que aprendió demasiado pronto que sentir era peligroso, que necesitar era vergonzoso y que depender de alguien era una invitación al abandono.

Ese niño no desaparece con la edad: se internaliza, se fragmenta y se convierte en el arquitecto silencioso de la estructura narcisista de la personalidad.

La investigación clínica contemporánea coincide en que muchas configuraciones narcisistas tienen su origen en experiencias tempranas de trauma, negligencia emocional y patrones de apego inseguros. Estudios en psicología del desarrollo han mostrado que el narcisismo adulto suele estar asociado a entornos infantiles donde las necesidades emocionales no fueron atendidas de manera consistente. Un estudio citado en *Journal of Personality Disorders* encontró que el abuso emocional y la negligencia fueron los predictores más fuertes del Trastorno Narcisista de la Personalidad.

Comprender el origen del narcisismo no es justificarlo, sino iluminarlo. Es ver al niño detrás del adulto, al herido detrás del heridor, al vulnerable detrás del grandioso.

LA HERIDA PRIMARIA: EL TRAUMA DE NO SER VISTO

El narcisismo suele surgir de una experiencia temprana de desconexión emocional. No necesariamente un abuso evidente, sino algo más sutil y, por eso mismo, más difícil de detectar: **la falta de un espejo emocional adecuado**.

El niño que no fue validado

El niño narcisista crece en un entorno donde:

- sus emociones no son reconocidas,
- sus necesidades no son atendidas,
- su autenticidad no es bienvenida.

Puede haber recibido atención, incluso admiración, pero no sintonía emocional. No fue visto por quien realmente era, sino por lo que representaba.

El espejo roto

Cuando un niño no encuentra un reflejo emocional estable, aprende a construir uno artificial. Ese reflejo —idealizado, grandioso, perfecto— se convierte en su única forma de sentirse valioso.

EL ORIGEN EMOCIONAL DEL NARCISISMO: UNA HERIDA ANTES QUE UNA CONDUCTA

Aunque el narcisismo puede volverse destructivo en la adultez, su origen no es la maldad, sino el dolor no resuelto. Investigaciones recientes indican que los niños expuestos a invalidación emocional crónica desarrollan mecanismos defensivos que, en la adultez, pueden cristalizar en rasgos narcisistas.

Kernberg lo expresa de manera contundente cuando afirma que el narcisismo patológico es "una defensa compleja que surge para proteger al individuo de un vacío interno intolerable". Esta idea ha sido ampliamente respaldada por estudios modernos que muestran cómo la falta de sintonía emocional en la infancia contribuye a la formación de defensas grandiosas.

Muchos adultos narcisistas fueron niños que:

- Crecieron sin validación emocional
- Recibieron amor condicionado
- Fueron ignorados o minimizados
- Tuvieron cuidadores fríos o impredecibles
- Aprendieron a ser "fuertes" para sobrevivir
- Internalizaron la creencia de que nunca eran suficientes

La literatura clínica denomina a este patrón **narcisismo defensivo**, una estrategia de supervivencia que surge cuando el niño aprende que mostrar vulnerabilidad lo expone al rechazo o al abandono.

LA VERGÜENZA TÓXICA: EL NÚCLEO DEL FALSO YO

En el centro del narcisismo no se encuentra el orgullo, sino la vergüenza. No se trata de la vergüenza adaptativa, sino de una vergüenza tóxica que se convierte en un núcleo identitario.

Schore explica que la vergüenza temprana surge cuando el niño experimenta desajustes afectivos con el cuidador, lo que provoca una caída abrupta en su regulación emocional. En sus palabras, la vergüenza implica "una deflación repentina del afecto narcisista inducida por un shock".

Para sobrevivir, el niño construye un yo alterno: fuerte, autosuficiente, perfecto, admirable e invulnerable. Winnicott describió este fenómeno como la formación del **falso self**, una estructura defensiva que se desarrolla cuando el entorno no permite que el niño exprese su autenticidad.

APEGO INSEGURO: LA HERIDA QUE MOLDEA LA ADULTEZ

La teoría del apego y estudios recientes han demostrado que los patrones de apego inseguros —especialmente el evitativo y el desorganizado— están asociados con mayores niveles de rasgos narcisistas en la adultez.

Los niños que crecen en entornos inconsistentes, críticos o emocionalmente ausentes aprenden que depender de otros es peligroso y que la vulnerabilidad no conduce a consuelo, sino a rechazo.

Como resultado, desarrollan estrategias basadas en:

- el control,
- la autosuficiencia aparente,
- la desconexión emocional,
- la búsqueda de admiración en lugar de intimidad auténtica.

EL NACIMIENTO DEL FALSO YO

El falso yo es la máscara emocional que el niño crea para sobrevivir en un entorno donde su verdadero yo no fue recibido ni validado. Con el tiempo, esta máscara se convierte en su identidad pública y en su principal mecanismo de defensa.

EL ADULTO NARCISISTA: UN NIÑO HERIDO CON PODER

Cuando ese niño crece, no desaparece; se esconde detrás de logros, control, perfeccionismo, espiritualidad performativa, manipulación o encanto superficial.

La literatura clínica señala que, detrás de la grandiosidad, suelen existir dificultades en la regulación de la autoestima, la identidad y las emociones.

El adulto narcisista no es verdaderamente fuerte: **es un niño herido con estrategias sofisticadas.**

DATOS CLÍNICOS: PREVALENCIA Y CONSECUENCIAS

Los estudios epidemiológicos estiman que el Trastorno Narcisista de la Personalidad afecta entre 0.5% y 6.2% de la población general, con tasas más altas en contextos clínicos.

El impacto en las víctimas es profundo. Investigaciones recientes muestran que quienes han estado expuestos a abuso narcisista presentan tasas elevadas de síntomas traumáticos, incluyendo ansiedad, depresión y manifestaciones similares al TEPT complejo.

¿POR QUÉ ES CRUCIAL COMENZAR POR EL NIÑO HERIDO?

Si no entendemos al niño herido:

- Demonizamos al narcisista sin comprender su origen.
- Confundimos defensa con maldad.
- Mezclamos trauma con intención.
- Interpretamos arrogancia donde hay miedo.
- Justificamos abuso donde hay manipulación.

Comprender la raíz no excusa el daño, pero sí permite discernir, sanar, poner límites y protegerse.

UN MENSAJE PARA EL LECTOR

- Si creciste con un cuidador narcisista, este capítulo te ayudará a entender que no fue tu culpa.
- Si amaste a un narcisista, comprenderás por qué no pudiste "sanarlo con amor".
- Si te reconoces en estas páginas, descubrirás que tu historia no termina en tu herida.
- Si has sido herida espiritualmente por un narcisista "santo", este capítulo te dará lenguaje para comprender esa distorsión.

Toda forma de narcisismo —defensivo, vulnerable, grandioso, maligno o espiritual— comparte un punto de partida común: **un niño que aprendió a sobrevivir sin amor seguro.**

Este libro te acompañará a explorar cada tipo de narcisismo, sus efectos y los caminos de sanidad.

CAPÍTULO DOS

EL EGO COMO ESCUDO: CÓMO NACEN LOS TIPOS DE NARCISISTAS

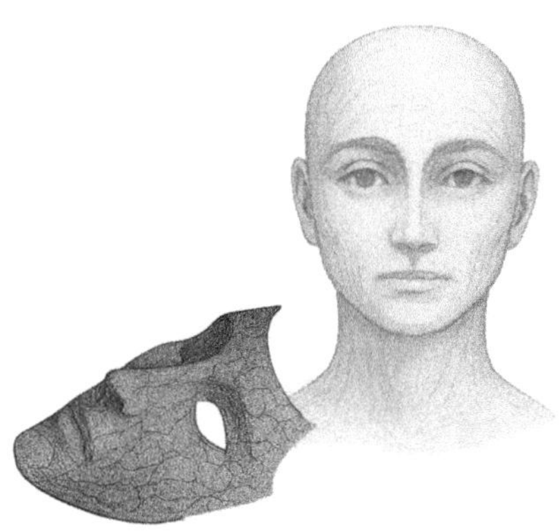

El narcisismo, desde una perspectiva clínica, no es un rasgo único ni una categoría rígida. Es un espectro complejo que abarca diferentes manifestaciones, niveles de severidad y motivaciones internas. La literatura psicológica contemporánea reconoce que el narcisismo puede surgir como un mecanismo de defensa ante heridas tempranas, como una estructura de personalidad basada en la grandiosidad, o como un patrón aprendido dentro de sistemas familiares disfuncionales. Sin embargo, la práctica clínica y el acompañamiento terapéutico revelan que existen matices que van más allá de las definiciones tradicionales.

Este capítulo presenta una **tabla comparativa** que integra tanto categorías reconocidas por la psicología clínica como expresiones observadas en contextos pastorales, espirituales y relacionales.

Su propósito es ofrecer una visión amplia y comprensiva que permita al lector identificar patrones de comportamiento, comprender la raíz emocional de cada tipo y reconocer cómo estas dinámicas afectan la salud mental, las relaciones interpersonales y la vida espiritual.

El narcisismo defensivo, por ejemplo, suele originarse en experiencias de vergüenza, rechazo o invalidación temprana. El narcisismo vulnerable se caracteriza por una autoimagen frágil que oscila entre la inseguridad y la necesidad de aprobación.

El narcisismo grandioso, más visible y socialmente reconocido, se sostiene en fantasías de superioridad y en la búsqueda constante de admiración. En el extremo más severo se encuentra el narcisismo maligno, donde se combinan rasgos narcisistas con crueldad, agresión y falta de empatía.

Además de estas categorías clínicas, la experiencia pastoral y el análisis de dinámicas espirituales permiten identificar formas de narcisismo que no suelen aparecer en manuales diagnósticos, pero que tienen un impacto profundo en la salud emocional y espiritual de las personas.

El narcisismo religioso o "santo", por ejemplo, utiliza el lenguaje espiritual para ejercer control, generar culpa o justificar conductas abusivas. Por otro lado, el "espíritu de narcisismo" describe una influencia cultural y espiritual que exalta el individualismo, la autosuficiencia extrema y la idolatría del yo, afectando tanto a individuos como a comunidades enteras.

Esta tabla no pretende reemplazar criterios diagnósticos formales, sino ofrecer una herramienta de comprensión integral. Aunque no las discutiremos todas por cuestión de espacio, su valor radica en ayudar al lector a identificar patrones que quizás han normalizado, justificar comportamientos que han tolerado o reconocer dinámicas que han sufrido sin tener lenguaje para describirlas.

También prepara el terreno para los capítulos siguientes, donde cada tipo será explorado con mayor profundidad, integrando perspectivas clínicas, ejemplos reales, fundamentos bíblicos y aplicaciones prácticas para la sanidad emocional y espiritual.

Comprender estos matices es esencial para avanzar hacia la restauración. Solo cuando podemos nombrar lo que hemos vivido, podemos comenzar a sanar. Y solo cuando entendemos la raíz, podemos transformar la historia.

TABLA INTEGRAL DEL NARCISISMO

(Versión ampliada, clínica—relacional—espiritual)

TIPO DE NARCISISMO	DESCRIPCIÓN CENTRAL	MOTIVACIÓN INTERNA	MANIFESTACIONES COMUNES	IMPACTO EN RELACIONES
Narcisista Grandioso	Exhibicionista, dominante, busca admiración constante.	Necesidad de validación y superioridad.	Arrogancia, fantasías de éxito, necesidad de atención.	Relaciones superficiales, explotación emocional.
Narcisismo Defensivo	Surge como mecanismo de protección ante heridas tempranas, rechazo, humillación o invalidación. No busca dominar, sino evitar volver a ser herido.	Vergüenza profunda, miedo al abandono, experiencias de crítica o ridiculización, identidad frágil. En lo espiritual, nace de un corazón que aprendió a protegerse endureciéndose.	Hipersensibilidad a la crítica, reactividad emocional, necesidad de tener la razón, dificultad para pedir perdón, tendencia a justificarse, retraimiento cuando se siente expuesto.	Relaciones tensas, malentendidos, ciclos de defensa–ataque culpa, dificultad para recibir corrección o vulnerabilidad. Puede parecer orgulloso, pero en realidad está asustado.
Narcisista Vulnerable	Sensible, inseguro, dependiente de aprobación externa.	Miedo al rechazo y vergüenza interna.	Hipersensibilidad, retraimiento, victimización.	Relaciones inestable, dependencia emocional.
Narcisista Maligno	Cruel, manipulador, con rasgos antisociales.	Poder, control y sometimiento.	Sadismo emocional, gaslighting, abuso severo.	Daño psicológico profundo, trauma complejo.
Narcisista Espiritual / Santo	Usa lenguaje religioso para controlar.	Superioridad moral y autoridad espiritual.	Manipulación con versículos, profecías, "dirección divina".	Trauma espiritual, confusión de fe e identidad.
Narcisista Comunitario	Busca reconocimiento por "servir" o "ayudar".	Necesidad de ser visto como indispensable.	Altruismo performativo, victimismo, protagonismo.	Relaciones centradas en deuda emocional.
Narcisista Intelectual	Se siente superior por su conocimiento.	Validación a través de la mente.	Corrección constante, elitismo, desprecio sutil.	Relaciones jerárquicas, invalidación del otro.
Narcisista Corporativo	Enfocado en poder, éxito y estatus profesional.	Ambición extrema y reconocimiento social.	Competitividad tóxica, explotación laboral.	Ambientes laborales abusivos, burnout.
Narcisista Familiar	Controla dinámicas familiares para mantener poder.	Necesidad de centralidad y obediencia.	Triangulación, favoritismos, chantaje emocional.	Hijos con heridas profundas, codependencia.
Narcisista Encubierto	Pasivo, silencioso, pero altamente manipulador.	Resentimiento, envidia y victimismo.	Culpa, silencios punitivos, autoimagen frágil.	Relaciones confusas, desgaste emocional.
Narcisista Somático	Centrado en el cuerpo, belleza o sexualidad.	Admiración física y deseo de conquista.	Seducción, infidelidad, obsesión con apariencia.	Relaciones inestables, objetificación.
Narcisista Cerebral	Se siente superior por su inteligencia.	Control a través del intelecto.	Debate constante, humillación intelectual.	Relaciones frías, desconexión emocional.
Narcisista Colectivo / Ideológico	Se fusiona con una causa, grupo o ideología.	Poder a través de identidad grupal.	Fanatismo, polarización, pensamiento rígido.	Exclusión, abuso grupal, radicalización.
Narcisista Sexual / Depredador	Usa la sexualidad como arma de control.	Dominio, conquista y validación sexual.	Infidelidad crónica, coerción, manipulación erótica.	Trauma sexual, confusión afectiva.
Narcisista Profesional / Clínico	Se esconde detrás de títulos o autoridad profesional.	Superioridad técnica o académica.	Abuso de poder, paternalismo, invalidación.	Relaciones terapéuticas o laborales dañadas.
Narcisista Social / de Imagen	Obsesionado con reputación y percepción pública.	Necesidad de aprobación social.	Redes sociales, apariencia, "marca personal".	Relaciones superficiales, presión estética.
Narcisista Artístico / Creativo	Se cree excepcional por su talento.	Identidad basada en admiración estética.	Dramatismo, sensibilidad extrema, elitismo creativo.	Relaciones intensas, inestables y egocéntricas.

Ejemplo de la vida real: cuando ni la preparación profesional puede salvarte del narcisista

Ella era una mujer brillante, respetada y admirada en su campo. Graduada en el área de la salud mental, había dedicado años a estudiar el comportamiento humano, los traumas, los mecanismos de defensa y las dinámicas relacionales. Desde afuera, parecía tener todas las herramientas para identificar el abuso emocional y protegerse de él. Pero la realidad que vivió fue muy distinta.

Cuando vio mi libro *El Niño Herido y el Adulto Narcisista,* se detuvo, lo tomó entre sus manos y después de revisar algunas de sus páginas, con una mezcla de sorpresa y dolor, me dijo: "Este título describe exactamente lo que yo viví... pero no lo supe hasta muchos años después." Su voz temblaba, no por falta de conocimiento, sino por el peso de una historia que había permanecido demasiado tiempo en silencio.

Me contó que había estado casada con un narcisista. No un narcisista evidente, sino uno de esos que se esconden detrás del encanto, la aparente vulnerabilidad y la manipulación emocional. A pesar de su formación profesional, nunca identificó las señales. No porque no supiera reconocerlas, sino porque el abuso narcisista tiene la capacidad de distorsionar la percepción, erosionar la identidad y nublar el juicio incluso de quienes están entrenados para detectarlo.

Con el tiempo, la relación la llevó a un punto de quiebre. Su identidad se fragmentó. Su autoestima se desvaneció. Su capacidad de confiar en sí misma se hizo añicos. Cayó en el alcoholismo, en el uso de sustancias, y dejó de ejercer su profesión. "Me convertí en la versión más baja de mí misma", confesó. "No entendía cómo había llegado tan lejos... ni por qué no podía salir."

Fue en ese estado de desesperación, preguntándose cómo una mujer preparada, inteligente y profesional había terminado atrapada en un ciclo de destrucción, que finalmente clamó a Dios. "Muéstrame qué me pasó", oró. Y fue entonces cuando la verdad comenzó a revelarse. Comprendió que había sufrido un daño profundo: psicológico, emocional, físico y hasta sexual. Comprendió que había vivido bajo el control de un narcisista que había manipulado su mente, su cuerpo y su espíritu.

Su historia no es única. Es un reflejo de lo que miles de personas viven sin tener lenguaje para describirlo. Es la evidencia de que el narcisismo no discrimina por nivel educativo, profesión, fe o inteligencia. Es un recordatorio de que el abuso narcisista puede ser tan sutil como devastador, tan invisible como destructivo.

Esta historia abre la puerta a la necesidad de comprender los diferentes tipos de narcisismo. Porque no todos se presentan de la misma manera, no todos hieren de la misma forma, y no todos dejan las mismas cicatrices. Algunos nacen de heridas; otros, del ego. Algunos manipulan desde la fragilidad; otros, desde la grandiosidad. Algunos destruyen lentamente; otros, con violencia abierta. Y algunos, los más peligrosos, se esconden detrás del lenguaje espiritual.

Comprender estas diferencias no solo es un ejercicio clínico; es un acto de sanidad. Es darle nombre a lo que antes era confusión. Es iluminar lo que antes estaba oculto. Es recuperar la voz, la identidad y la dignidad.

Este capítulo comienza aquí: con una historia real que revela la urgencia de entender el narcisismo en todas sus formas. Porque solo cuando podemos identificarlo, podemos sanarlo. Y solo cuando lo nombramos, dejamos de ser víctimas de su sombra.

Cuando la protección se convierte en identidad

El narcisismo no aparece de la nada. No es un rasgo que simplemente surge en la adultez. Es una construcción lenta, silenciosa y profundamente emocional que comienza como un mecanismo de supervivencia. Antes de convertirse en un patrón relacional, el narcisismo defensivo es un escudo: una armadura emocional que el niño herido aprende a usar para sobrevivir en un mundo que percibe como peligroso, impredecible o emocionalmente inaccesible.

Ese escudo, que en la infancia fue necesario, se convierte en la adultez en una barrera que impide amar, conectar, recibir y ser transformado. Y dependiendo de cómo ese niño aprendió a protegerse, ese escudo tomará diferentes formas:

grandiosidad, victimización, espiritualidad, perfeccionismo, control, frialdad o manipulación.

Este capítulo explica cómo nace el narcisismo defensivo y cómo ese mecanismo inicial evoluciona en los distintos tipos de narcisistas que veremos más adelante.

EL EGO COMO RESPUESTA AL DOLOR

El nacimiento del narcisismo defensivo

Cuando un niño experimenta rechazo, crítica constante, abandono emocional, amor condicionado, comparación, humillación o invisibilidad, su sistema emocional entra en modo supervivencia. La mente infantil no tiene herramientas para procesar el dolor profundo, así que crea una solución: un yo alterno que lo proteja.

Ese yo alterno es el ego defensivo.

La literatura clínica describe este proceso como una defensa que surge para evitar el colapso emocional. Kernberg explica que el narcisismo defensivo se forma cuando el niño desarrolla una estructura protectora para manejar sentimientos de vacío, inseguridad y vulnerabilidad que no puede regular por sí mismo (paráfrasis de Kernberg, 1975).

El ego defensivo es la versión del niño que dice:

- "Si no me necesitan, no me pueden abandonar."
- "Si no muestro dolor, no me pueden herir."
- "Si soy perfecto, me van a aceptar."
- "Si controlo todo, nada me va a lastimar."

Este es el inicio del narcisismo defensivo. Es la raíz de todos los tipos de narcisistas.

LA MÁSCARA EMOCIONAL: EL YO QUE NO SIENTE

La desconexión como estrategia de supervivencia

Para sobrevivir, el niño aprende a desconectarse de sus emociones. No porque no las tenga, sino porque sentir se volvió peligroso.

Así nace la máscara emocional: fuerte, autosuficiente, segura, invulnerable, perfecta, controlada.

El niño aprende a no llorar, no pedir ayuda, no mostrar miedo, no expresar tristeza y no admitir necesidad. Con el tiempo, esa máscara deja de ser un recurso temporal y se convierte en su identidad.

La teoría del desarrollo emocional señala que esta desconexión ocurre cuando el entorno no valida las emociones del niño, obligándolo a construir una fachada funcional para mantener estabilidad psicológica (paráfrasis de Schore, 1991).

EL PERFECCIONISMO COMO REFUGIO

Muchos narcisistas defensivos crecieron en ambientes donde el amor era condicional, en otras palabras, el amor dependía del desempeño:

- "Te amo si te portas bien."
- "Estoy orgulloso si sacas buenas notas."
- "Eres valioso si cumples mis expectativas."

El niño aprende que su valor depende de su desempeño. Entonces desarrolla un perfeccionismo extremo para evitar el rechazo. El perfeccionismo se convierte en su forma de sentirse seguro, evitar crítica, obtener amor y construir identidad. Pero el perfeccionismo no sana: solo esconde la herida.

EL CONTROL COMO MECANISMO DE SEGURIDAD

Cuando un niño vive en un ambiente impredecible —emocional, económico, espiritual o relacional—, desarrolla una necesidad profunda de control. El miedo se disfraza de poder y el niño se convierte en controlador o manipulador.

Controlar se convierte en su forma de evitar el caos, sentirse seguro y no ser vulnerable.

El adulto narcisista defensivo controla porque teme ser herido, abandonado, criticado, expuesto o vulnerable.

El control es su escudo emocional. Y dependiendo de cómo lo use, ese control dará forma a distintos tipos de narcisistas: el grandioso, el espiritual, el corporativo, el familiar.

LA DESCONEXIÓN EMOCIONAL: EL PRECIO DEL ESCUDO

El ego defensivo protege, pero también desconecta. Para no sentir dolor, el niño aprende a desconectarse de sus emociones, necesidades, vulnerabilidad, tristeza, miedo y ternura.

En la adultez, esa desconexión se convierte en frialdad, distancia, incapacidad de empatizar, dificultad para amar, miedo a la intimidad y relaciones superficiales. El costo de no sentir se convierte en el escudo que lo protegió de niño, pero ahora lo aísla de adulto.

EL ADULTO NARCISISTA DEFENSIVO: UN SOBREVIVIENTE EMOCIONAL

Cuando ese niño crece, se convierte en un adulto que parece fuerte por fuera, pero es frágil por dentro; parece seguro, pero es inseguro; parece autosuficiente, pero está desconectado; parece arrogante, pero tiene miedo; parece frío, pero está herido.

La investigación clínica moderna señala que la grandiosidad narcisista suele coexistir con dificultades profundas en la regulación emocional, la autoestima y la identidad (paráfrasis de Caligor & Petrini, 2025).

Su narcisismo no es maldad. Es supervivencia. Pero, aunque no sea maldad, sí causa daño.

CÓMO ESTE EGO DEFENSIVO EVOLUCIONA EN LOS DISTINTOS TIPOS DE NARCISISTAS

La raíz que da forma a cada máscara

El narcisismo defensivo es el primer eslabón en la cadena del narcisismo. Es la raíz emocional que, si no se sana, puede evolucionar hacia formas más complejas:

- Narcisista grandioso
- Narcisista vulnerable
- Narcisista maligno
- Narcisista espiritual
- Narcisista comunitario
- Narcisista intelectual
- Narcisista corporativo
- Narcisista familiar

Cada tipo es una variación del mismo mecanismo: un niño herido tratando de no volver a sentir dolor.

EL IMPACTO ESPIRITUAL DEL EGO DEFENSIVO

Cuando la autosuficiencia reemplaza la vulnerabilidad

El ego defensivo afecta profundamente la vida espiritual porque dificulta confiar, recibir amor incondicional, rendirse, depender de Dios, escuchar la voz del Espíritu y aceptar corrección.

El narcisista defensivo se relaciona con Dios como se relaciona con los demás: desde el control, el miedo, la autosuficiencia y la distancia emocional.

No porque no ame a Dios, sino porque no sabe cómo ser vulnerable con Él.

El narcisismo defensivo es la raíz de todos los tipos de narcisistas. Es el niño herido que creó un escudo para sobrevivir. Ese escudo se convirtió en identidad. Y esa identidad se convirtió en patrón relacional. Pero entender este primer nivel es esencial, porque aquí es donde el narcisismo todavía es sanable, maleable, transformable.

Aquí el ego no es enemigo. Es un niño herido pidiendo protección.

CAPÍTULO TRES

NARCISISMO DEFENSIVO: EL EGO QUE SE PROTEGE DEL DOLOR

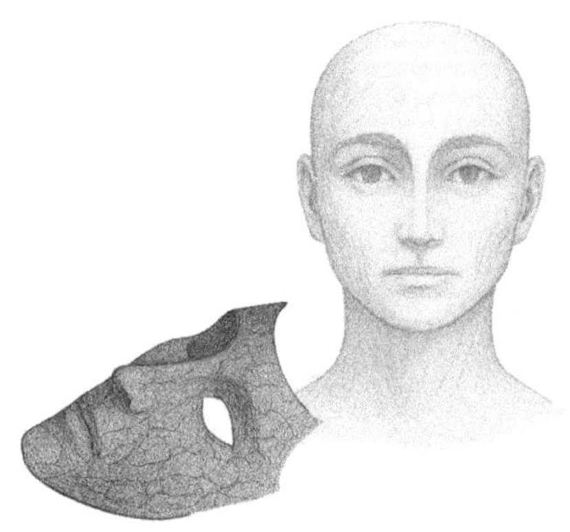

Cómo la herida infantil se convierte en tácticas de supervivencia emocional

El narcisismo defensivo es la forma más común, más humana e incomprendida del narcisismo. No nace del deseo de controlar ni de la necesidad de manipular. Nace del miedo. Nace de la herida. Nace del niño interior que aprendió que sentir era peligroso y que depender era arriesgado. Diversos estudios clínicos confirman que muchos patrones narcisistas no se originan en grandiosidad, sino en experiencias tempranas de rechazo, desapego o aprobación condicional. Estas heridas generan un sentido del yo frágil que luego se protege mediante defensas rígidas para evitar volver a sentir vulnerabilidad o vergüenza (Rege, 2025).

Este tipo de narcisismo no busca destruir. Busca protegerse. Pero en su intento de protegerse, termina hiriendo. Y en su intento de no ser vulnerable, termina destruyendo la vulnerabilidad de quienes lo aman.

Este capítulo explica cómo el narcisismo defensivo se forma, cómo se manifiesta y cómo evoluciona en tácticas de manipulación emocional que, aunque nacen del miedo, producen confusión, desgaste y trauma.

EL NARCISISTA DEFENSIVO NO QUIERE HERIR: QUIERE SOBREVIVIR

El origen reactivo del narcisismo

A diferencia de otras formas de narcisismo, el defensivo no opera desde la maldad ni desde la intención. Opera desde la reacción.

La persona:

- se defiende antes de ser atacada
- se cierra antes de ser herida
- controla antes de perder el control
- se distancia antes de ser abandonada

Su comportamiento no es estratégico. Es instintivo. El narcisista defensivo no piensa: "Voy a manipular." Piensa (sin palabras): "No puedo volver a sentir ese dolor."

Su ego no es un arma. Es un escudo.

EJEMPLO DE LA VIDA REAL: EL NIÑO HERIDO EN EL CUERPO DE UN ANCIANO

Era un anciano aparentemente amoroso con todos. Sonreía, conversaba con dulzura y mostraba una ternura que cualquiera hubiera descrito como nobleza. Pero en su hogar, la historia era otra. Con su esposa era exigente, controlador y abusivo. Le hablaba como si fuera su sirvienta y no su compañera. Aunque a veces mostraba afecto, la maltrataba psicológica y emocionalmente hasta someterla por completo. Ella no movía ni un papel sin su permiso. Su identidad, su seguridad y su voz habían sido absorbidas por él.

Un día, mientras conversábamos, el anciano comenzó a contar su historia. Su rostro cambió. Su voz también. Detrás del hombre rígido y controlador había un niño herido. Me dijo que cuando era muy pequeño, su única protección era su madre. Ella murió cuando él aún era un niño. Su padre, lejos de consolarlo, lo maltrataba brutalmente. Los abusos físicos eran constantes. A muy temprana edad huyó de su casa y vivió en las calles. Nunca volvió a relacionarse con su padre abusivo.

Sin quererlo, aprendió a sobrevivir. Y aunque creció, su modo de supervivencia siguió gobernando todas sus relaciones. Nunca fue feliz con ninguna mujer. No porque no quisiera amar, sino porque no sabía cómo hacerlo sin miedo. Poco a poco, mientras se redescubría, comenzó a entender que el daño sufrido en su infancia había marcado su vida entera. Nunca aprendió a salir de ese estado de alerta constante. Nunca aprendió a madurar emocionalmente. Nunca tuvo un terapeuta o un guía que le ayudara a reconocer su trauma y transformarlo.

Sin darse cuenta, en todas sus relaciones estaba buscando a la madre que lo protegía cuando niño. Pero no la encontraba. Y en su búsqueda desesperada, terminó exigiendo, controlando y oprimiendo a quienes lo amaban. No era maldad. Era supervivencia. Era un niño herido atrapado en el cuerpo de un anciano.

Fue solo en sus últimos años, cuando finalmente pudo mirar hacia adentro, que comprendió por qué había vivido toda su vida desde el narcisismo defensivo: no para dominar, sino para no volver a sentir el abandono, el miedo y la soledad que lo marcaron desde pequeño.

Esta historia revela la esencia del narcisismo defensivo: **no es un ego que quiere destruir, sino un ego que nunca aprendió a dejar de protegerse.**

SEÑALES DEL NARCISISMO DEFENSIVO

Cómo se ve el ego cuando tiene miedo

La investigación clínica reciente demuestra que la vergüenza es el afecto central que sostiene las formas vulnerables y defensivas del narcisismo. Incluso una corrección mínima puede activar emociones intensas de insuficiencia, llevando a defensas como negación, retraimiento o reactividad (Kesman et al., 2024).

a. **Hipersensibilidad a la crítica.** Una observación mínima se siente como un ataque. Una corrección se siente como rechazo.
b. **Necesidad de tener la razón.** No por orgullo, sino porque equivocarse activa su vergüenza interna.
c. **Dificultad para pedir perdón.** No porque no quiera, sino porque admitir error lo hace sentir vulnerable.
d. **Frialdad emocional.** No es falta de amor. Es miedo a sentir demasiado.
e. **Control sutil.** No para dominar, sino para evitar caos emocional.

Estas señales no son maldad. Son mecanismos de supervivencia.

CÓMO EL NARCISISMO DEFENSIVO SE CONVIERTE EN TÁCTICAS DE MANIPULACIÓN

El escudo que empieza a herir a otros

El narcisista defensivo no se levanta por la mañana pensando: "Hoy voy a manipular." Pero su ego, entrenado para sobrevivir, desarrolla tácticas que le permiten evitar dolor, responsabilidad o vulnerabilidad. Estas tácticas no siempre son conscientes, pero sí son efectivas.

GASLIGHTING: LA DISTORSIÓN DE LA REALIDAD

- "Eso nunca pasó. Estás exagerando."

El gaslighting no nace del deseo de destruir, sino del miedo a enfrentar la verdad. Aceptar la realidad implicaría aceptar culpa, error o vulnerabilidad.

El narcisista defensivo usa frases como:

- "Eso no fue así."
- "Estás inventando."
- "Eres demasiado sensible."

Impacto emocional: La víctima comienza a dudar de su memoria, su intuición y su juicio.

Impacto espiritual: El gaslighting destruye la verdad interna, y sin verdad no hay libertad.

IDEALIZACIÓN Y DEVALUACIÓN

El ciclo emocional que atrapa

El narcisista defensivo idealiza cuando siente seguridad y devalúa cuando siente amenaza.

Idealización:

- "Nunca conocí a alguien como tú."
- "Eres perfecto para mí."

Devaluación:

- "No eres suficiente."
- "Todo lo haces mal."

Este ciclo no es maldad. Es miedo.

EL SILENCIO COMO CASTIGO

La ausencia emocional como arma involuntaria

Cuando se siente herido, el narcisista defensivo se retira. No grita. No discute. Simplemente desaparece emocionalmente.

No busca castigar. Busca protegerse. Pero su silencio hiere profundamente.

LA TRIANGULACIÓN

Usar a otros para recuperar control

El narcisista defensivo introduce a terceros para:

- validar su versión
- evitar responsabilidad
- generar inseguridad
- recuperar poder

Ejemplos:

- "Todos piensan que estás exagerando."
- "Mi pastor dice que tú eres el problema."

No es estrategia. Es miedo a enfrentar un conflicto directo.

LA PROYECCIÓN

Acusarte de lo que él hace

El narcisista defensivo no puede tolerar verse a sí mismo como imperfecto. Entonces expulsa su sombra hacia los demás.

- te acusa de mentir cuando él miente
- te acusa de controlar cuando él controla
- te acusa de ser egoísta cuando él lo es

La proyección es un mecanismo de autoprotección.

LA VICTIMIZACIÓN ESTRATÉGICA

"Mira lo que me hiciste."

Cuando se siente expuesto, el narcisista defensivo se convierte en víctima. Llora, se lamenta, dramatiza.

No para manipular. Para evitar sentir culpa o vergüenza. Pero el efecto es el mismo: la atención se desvía del problema real.

EL IMPACTO EN LAS RELACIONES

Amar desde el miedo

El narcisista defensivo ama, pero ama desde el miedo. Por eso sus relaciones suelen ser:

- tensas
- reactivas
- inestables
- llenas de malentendidos

Quienes lo aman sienten:

- que caminan en puntillas
- que cualquier cosa puede activar una reacción
- que no pueden expresar necesidades
- que la conexión emocional es limitada

No es falta de amor. Es incapacidad de vulnerabilidad.

IMPACTO ESPIRITUAL

El ego que también se protege de Dios

El narcisista defensivo se relaciona con Dios como se relaciona con los demás:

- desde la autosuficiencia
- desde el control
- desde la distancia
- desde el miedo a fallar

Le cuesta:

- confiar
- rendirse
- recibir amor incondicional
- aceptar corrección divina

No porque no ame a Dios, sino porque no sabe cómo ser vulnerable ante Él.

¿PUEDE SANAR ESTE TIPO DE NARCISISMO?

Sí. Y este es el punto clave. El narcisismo defensivo es el más sanable de todos.

Estudios recientes confirman que el trauma infantil —incluyendo negligencia emocional, abuso y ambientes impredecibles— puede contribuir significativamente al desarrollo de estructuras narcisistas defensivas. Estas defensas funcionan como estrategias de supervivencia que buscan proteger al individuo de volver a experimentar dolor emocional profundo (Kizilalma, 2025).

¿Por qué puede sanar? Porque su raíz no es maldad, sino dolor. Y el dolor, cuando se reconoce, puede transformarse.

El narcisista defensivo no necesita castigo. Necesita verdad, límites, compasión y confrontación amorosa. Necesita aprender que la vulnerabilidad no mata. Que sentir no destruye. Que depender no es peligroso. Que el amor seguro existe.

El narcisismo defensivo es el puente entre la herida infantil y las tácticas adultas. Es el ego que se protege del dolor, pero que termina protegiéndose también del amor.

Comprenderlo no justifica el daño, pero sí revela la raíz. Y solo desde la raíz se puede sanar.

CAPÍTULO CUATRO

LAS HERIDAS INVISIBLES: LOS EFECTOS DEL NARCISISMO EN LA VÍCTIMA

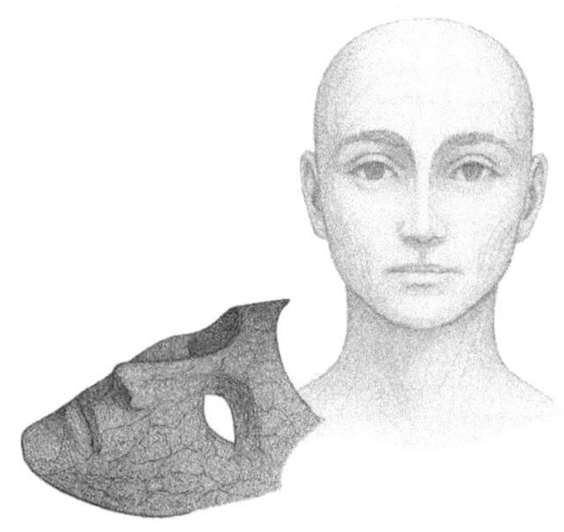

Cómo el amor, la fe y la identidad Se fragmentan bajo un vínculo narcisista

El narcisismo no solo afecta al narcisista. Afecta —y a veces destruye— a quienes se relacionan con él. Las víctimas del narcisismo no siempre tienen moretones visibles, pero llevan heridas profundas en el alma, en la mente y en el espíritu. Heridas que no se ven, pero que cambian la forma en que la persona piensa, siente, ama y se relaciona consigo misma y con Dios.

La neurobiología interpersonal ha demostrado que el abuso narcisista altera la forma en que el cerebro procesa la seguridad, la memoria emocional y la toma de decisiones, dejando a la víctima en un estado de hipervigilancia crónica que afecta su claridad mental y su identidad (Schmid, 2025).

Este capítulo explora esas heridas invisibles: cómo se forman, cómo se manifiestan y por qué son tan difíciles de reconocer.

LA SEDUCCIÓN INICIAL: LA ENTRADA AL LABERINTO

Toda relación con un narcisista comienza con una experiencia extraordinaria. No es casualidad. Es estrategia emocional inconsciente.

La sensación de ser elegido

El narcisista hace sentir al otro:

- visto
- especial
- valorado
- único

Es una experiencia intoxicante. El otro siente que ha encontrado una conexión rara, casi mágica. Pero esa magia no es amor: **es idealización**.

La trampa emocional

La intensidad inicial crea un vínculo rápido y profundo. El otro baja sus defensas. Se abre. Confía.

Sin saberlo, ya ha entrado en el laberinto emocional del narcisista.

LA EROSIÓN GRADUAL: EL DESGASTE INVISIBLE

Una vez establecida la conexión, comienza un proceso lento y casi imperceptible de erosión emocional.

Microdevaluaciones

Pequeños comentarios, gestos ambiguos, silencios estratégicos. Nada lo suficientemente grave como para confrontarlo, pero lo bastante constante como para generar inseguridad.

La pérdida de la brújula interna

La víctima empieza a:

- dudar de sí misma,
- justificar al narcisista,
- minimizar sus propias necesidades,
- adaptarse para evitar conflictos.

La relación se convierte en un terreno emocional inestable.

LA EROSIÓN DE LA IDENTIDAD: CUANDO LA VÍCTIMA DEJA DE RECONOCERSE

El narcisismo no destruye de golpe. Desgasta lentamente. La víctima comienza fuerte, segura, clara. Pero con el tiempo, bajo el ciclo de idealización, devaluación y confusión emocional, empieza a perder:

- su voz
- su intuición
- su confianza
- su criterio
- su autoestima
- su sentido de valor

Estudios recientes confirman que las víctimas de abuso narcisista experimentan deterioro en la autoconfianza, dificultad para tomar decisiones y una sensación persistente de "caminar en puntillas" (Schmid, 2025). La persona que antes sabía quién era, ahora duda de todo.

LA CONFUSIÓN MENTAL: AMAR A QUIEN HIERE

La confusión es el terreno donde el narcisista tiene más poder. La víctima vive atrapada entre:

- palabras que no coinciden con acciones,

- amor mezclado con rechazo,
- promesas mezcladas con amenazas,
- espiritualidad mezclada con manipulación,
- ternura mezclada con frialdad.

La literatura sobre trauma relacional señala que esta confusión es una forma de disonancia cognitiva inducida (Herman, 2024).

Síntomas comunes:

- dificultad para tomar decisiones,
- duda constante,
- ansiedad,
- miedo a equivocarse,
- pérdida de claridad espiritual.

La confusión no es un defecto de la víctima. Es el resultado de una dinámica emocional traumática.

LA CULPA Y LA VERGÜENZA: LAS CADENAS EMOCIONALES MÁS FUERTES

El narcisista usa la culpa como herramienta. La víctima termina sintiendo que:

- no da suficiente
- no ama suficiente
- no es suficiente

La vergüenza se vuelve una sombra constante:

- "Soy un problema."
- "No valgo."
- "No merezco amor."

Investigaciones recientes muestran que la vergüenza y la culpa internalizada son efectos comunes en quienes han sufrido abuso narcisista (Bedard et al., 2026).

Dimensión espiritual

En contextos religiosos, esta culpa puede disfrazarse de:

- "sumisión"
- "honra"
- "paciencia"
- "perdón"
- "carga espiritual"

La víctima cree que Dios quiere que aguante, cuando en realidad Dios nunca bendice el abuso.

EL GASLIGHTING: LA DISTORSIÓN DE LA REALIDAD

Para proteger su autoimagen, el narcisista manipula la percepción del otro.

FRASES COMUNES:

- "Eso nunca pasó."
- "Estás exagerando."
- "Eres demasiado sensible."

La víctima empieza a desconfiar de su memoria, su intuición y su juicio. Es una erosión psicológica profunda.

La Desconexión Emocional: cuando la víctima deja de sentir

Para no sufrir más, la víctima empieza a desconectarse de:

- sus emociones,
- sus necesidades,
- su intuición,
- su vulnerabilidad.

La literatura clínica señala que el aislamiento emocional es una consecuencia directa del abuso narcisista (Stines, 2025). La víctima se vuelve una versión reducida de sí misma.

EL TRAUMA VINCULAR: EL APEGO QUE DUELE, PERO DEL QUE NO PUEDES SALIR

El narcisismo crea un tipo de trauma llamado **trauma de apego** o **trauma vincular**. Es una mezcla de:

- amor
- miedo
- dependencia
- esperanza
- confusión

La alternancia entre idealización y devaluación genera una adicción emocional. La víctima sabe que la relación la destruye, pero siente que no puede irse.

La investigación sobre trauma de traición demuestra que este patrón genera dependencia emocional profunda (Freyd & Birrell, 2024).

LA PARADOJA DEL DUELO: LLORAR A QUIEN TAMBIÉN HIRIÓ

Cuando la relación termina, la víctima no solo llora la pérdida del vínculo, sino la pérdida de la ilusión inicial. Extraña la fase de idealización, no la relación real. Confunde amor con trauma. Confunde conexión con dependencia.

EL AISLAMIENTO: LA ESTRATEGIA MÁS SILENCIOSA DEL ABUSO

La víctima empieza a alejarse de:

- amigos
- familia

- iglesia
- comunidad

No porque quiera, sino porque:

- Se siente avergonzada.
- No quiere exponer al narcisista.
- Está emocionalmente agotada.

El aislamiento es el terreno donde el narcisismo crece con más fuerza.

LA PÉRDIDA DE PROPÓSITO: CUANDO LA VIDA SE REDUCE A SOBREVIVIR

Toda su energía se va en:

- evitar conflictos
- interpretar señales
- anticipar reacciones
- sostener la relación

Su propósito se reduce a sobrevivir.

¿Por qué es tan difícil salir?

Salir no es difícil por falta de fuerza. Es difícil por:

- trauma

- dependencia emocional
- confusión
- culpa
- miedo
- esperanza
- espiritualización del abuso

La víctima no está "ciega". Está atrapada en un ciclo diseñado para mantenerla ahí.

EJEMPLO DE LA VIDA REAL: CUANDO EL AMOR SE CONVIERTE EN UNA PRISIÓN EMOCIONAL

Ella era una mujer brillante, respetada y admirada en su ciudad. Tenía un puesto estable en una de las oficinas más importantes, un futuro prometedor y una identidad bien definida. Pero todo cambió el día que conoció al hombre que se convertiría en su esposo... y en su agresor.

Al principio, él parecía encantador. Atento. Romántico. Lleno de promesas. Le decía que la cuidaría, que la protegería, que la haría feliz. Le pedía que confiara en él. Y ella, como tantas víctimas, confundió intensidad con amor, promesas con compromiso y atención con seguridad.

Poco a poco, él comenzó a persuadirla para que dejara su trabajo. "No necesitas trabajar", le decía. "Yo te voy a cuidar."

Pero detrás de esas palabras había una intención oculta: **aislarla**.

Cuando finalmente dejó su empleo, él ya tenía lo que quería: control. Y entonces comenzó el verdadero infierno.

Los abusos no empezaron de golpe. Primero fueron críticas sutiles. Luego humillaciones. Después gritos. Más tarde empujones. Y finalmente golpes. Cada episodio iba acompañado de disculpas, lágrimas, promesas de cambio y momentos de aparente ternura. Ese ciclo —idealización, agresión, arrepentimiento— es exactamente lo que la literatura clínica describe como **trauma vincular**, una dinámica que crea dependencia emocional y dificulta la salida (Freyd & Birrell, 2024).

Ella vivió así durante muchos años. Años de miedo. Años de confusión. Años de creer que era su culpa. Años de pensar que, si ella cambiaba, él también cambiaría.

Hasta que un día, después de una golpiza brutal, llegó llorando a la casa de su madre con sus bebés en brazos. Era una de las pocas veces que se atrevía a huir, y lo hizo porque sabía que, si se quedaba, podía convertirse en una más de las estadísticas de mujeres asesinadas por causa de la violencia doméstica. No tenía a dónde ir, y, aun así, reunir el valor para buscar refugio en casa de su madre fue un acto de supervivencia. Su madre, con el corazón roto, pero con una claridad que solo da el amor verdadero, la miró a los ojos y le dijo con firmeza:

> **"Si vuelves con ese abusador, nunca más entras a esta casa."**

Esa frase —dura, firme, protectora— fue el límite que ella no podía ponerse a sí misma. Fue el espejo que necesitaba para ver la realidad. Fue el ancla emocional que rompió el ciclo.

No salió porque dejó de amar. No salió porque se volvió fuerte de un día para otro. No salió porque "por fin abrió los ojos". Salió porque **alguien la sostuvo cuando ella ya no podía sostenerse a sí misma**.

Todos esos años de sufrimiento pudieron haber terminado antes, pero ella no tenía la fuerza emocional para hacerlo sola. No porque fuera débil, sino porque estaba atrapada en una dinámica traumática diseñada para quebrar su identidad, su voluntad y su percepción de sí misma.

Su historia es un recordatorio de una verdad clínica y espiritual: **las víctimas no se quedan porque quieren; se quedan porque están atrapadas en un ciclo emocional que las convence de que no tienen salida.**

Las heridas del narcisismo no son visibles, pero son profundas. Afectan la identidad, la mente, el corazón y el espíritu.

Pero estas heridas sí pueden sanar.

El primer paso es entenderlas. El segundo es reconocerlas. El tercero es romper el silencio. Y el cuarto es comenzar el camino de restauración.

LA RECUPERACIÓN: RECONSTRUIR LO QUE FUE EROSIONADO

Sanar es posible.

- Reconocer la herida.
- Recuperar la identidad.
- Reconectar con Dios sin miedo.
- Restaurar la voz.
- Romper el ciclo generacional.

Finalmente, las heridas del narcisismo no son visibles, pero son profundas. Afectan la identidad, la mente y el espíritu.

Pero estas heridas sí pueden sanar. El primer paso es entenderlas. El segundo es reconocerlas. El tercero es romper el silencio. Y el cuarto es comenzar el camino de restauración.

CAPITULO CINCO

SANIDAD INTEGRAL: RESTAURANDO LA IDENTIDAD, EL ESPÍRITU Y LOS LÍMITES DESPUÉS DEL NARCISISMO

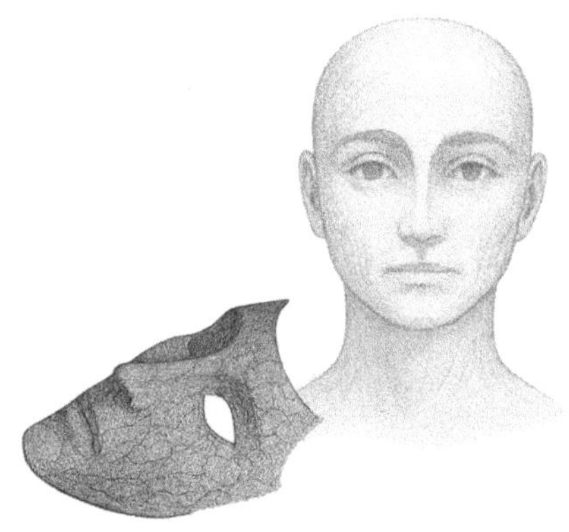

Cuando el ego deja de ser escudo, la verdad
Se vuelve luz y la libertad se vuelve camino

Sanar del narcisismo —ya sea como víctima o como alguien que reconoce rasgos narcisistas defensivos en sí mismo— es uno de los procesos más profundos que un ser humano puede vivir. No es un camino lineal. No es un camino rápido. Pero es un camino posible.

Este capítulo reúne tres dimensiones esenciales de la sanidad:

1. Sanar a la víctima del narcisismo
2. Sanar al narcisista defensivo
3. Protegerse del narcisista intencional o maligno

Porque no todo narcisismo se trata igual. No toda herida se cura con compasión. No toda relación se restaura con amor. Y no toda persona está dispuesta a cambiar.

Este capítulo es un mapa completo para la restauración emocional y espiritual.

RECONOCER LA HERIDA: EL INICIO DE TODA SANIDAD

La verdad que libera

La sanidad comienza con una frase sencilla:

"Lo que viví fue real."

Para la víctima, esto significa reconocer:

- "Fui manipulada."
- "Fui confundido."
- "Fui controlada emocionalmente."
- "Perdí partes de mí."

Para el narcisista defensivo, significa reconocer:

- "Estoy herido."

- "Me protegí porque tuve miedo."
- "Mi ego no es mi identidad."

La verdad no destruye. La verdad ilumina.

REPARENTING EMOCIONAL: SANAR AL NIÑO INTERIOR

Darle al niño lo que nunca recibió

El narcisismo defensivo se sana desde adentro, no desde afuera. El proceso de **reparenting** incluye:

a) Validación emocional

Decirle al niño interior:

- "Lo que sentiste era real."
- "Tu dolor importa."
- "No estabas exagerando."

b) Seguridad emocional

- Crear un ambiente interno donde sentir sea seguro.

c) Permiso para necesitar

- Aprender que pedir ayuda no es debilidad.

d) Permiso para fallar

- Romper la creencia de que el amor depende del desempeño.
- Este proceso transforma el ego defensivo en un puente hacia la autenticidad.

Vulnerabilidad segura: el antídoto del ego defensivo

- Abrirse sin perderse

La vulnerabilidad no es exposición sin protección. Es apertura con límites.

Sanar implica:

- expresar emociones sin miedo
- compartir necesidades sin vergüenza
- permitir que otros entren sin perder identidad

La vulnerabilidad es la medicina que el ego defensivo más teme, pero más necesita.

RESTAURACIÓN DE IDENTIDAD

Recordar quién eres sin la herida

Tanto la víctima como el narcisista defensivo necesitan descubrir:

- quién soy sin mi máscara
- quién soy sin mi perfeccionismo
- quién soy sin mi control
- quién soy sin mi autosuficiencia
- quién soy sin el trauma

La identidad sana se construye desde:

- amor incondicional
- aceptación
- verdad
- gracia

La identidad no se recupera de golpe. Se reconstruye pieza por pieza.

SANAR LA MENTE

Desprogramar la confusión

El narcisismo deja huellas cognitivas:

- duda constante
- miedo a equivocarse
- confusión mental
- dificultad para tomar decisiones

Sanar implica:

- terapia o acompañamiento emocional
- journaling
- conversaciones seguras
- descanso mental
- reestructuración de creencias

La claridad regresa cuando la confusión deja de ser normal.

SANAR EL CORAZÓN

Liberar el dolor acumulado

El corazón herido guarda:

- tristeza
- enojo
- miedo
- vergüenza
- culpa
- resentimiento

Sanar implica permitirte sentir. El dolor no se va ignorándolo. Se va atravesándolo.

SANIDAD ESPIRITUAL

Volver a Dios sin miedo, sin culpa y sin manipulación

El narcisismo —especialmente el espiritual— distorsiona la imagen de Dios.

Sanar implica reencontrarte con un Dios que:

- no manipula
- no controla
- no castiga tu vulnerabilidad
- no exige perfección
- no usa la culpa
- no se parece al narcisista

Dios no es un juez esperando fallas. Es un Padre esperando al hijo herido.

SEÑALES DE QUE LA SANIDAD ESTÁ OCURRIENDO

La evidencia del cambio interno

- menos reactividad
- más empatía
- más apertura emocional
- menos necesidad de control
- más capacidad de amar
- más conexión con Dios
- más claridad mental
- más paz interior

La sanidad no es ausencia de dolor. Es presencia de libertad.

CONFRONTAR EL NARCISISMO INTENCIONAL Y MALIGNO

Cuando la compasión no es suficiente

No todo narcisismo se sana con amor. El narcisismo intencional y maligno no nace del dolor, sino del ego y del deseo de dominar.

Verdad fundamental:

No puedes cambiar a un narcisista intencional o maligno.

No importa cuánto ames. No importa cuánto perdones. No importa cuánto ores.

Su problema no es falta de amor. Es falta de conciencia, responsabilidad y empatía.

EL PODER DE LOS LÍMITES

Protección, no castigo

Los límites incluyen:

- decir "no"
- establecer distancia emocional
- cortar acceso a información personal
- evitar discusiones circulares

- proteger tu paz mental

Los límites no son falta de perdón. Son amor propio.

DISCERNIMIENTO ESPIRITUAL

Separar la voz de Dios de la voz del manipulador

El narcisista maligno:

- manipula
- distorsiona
- confunde
- intimida
- usa la culpa

Por eso necesitas discernimiento para:

- identificar mentiras
- reconocer manipulación
- evitar ciclos de abuso
- escuchar la voz de Dios con claridad

El discernimiento es protección espiritual.

LA IMPORTANCIA DE LA COMUNIDAD

No se sana solo

Nadie sale solo de una relación con un narcisista maligno. Se necesita:

- apoyo emocional
- apoyo espiritual
- apoyo profesional
- personas que validen tu realidad

La comunidad sana rompe el aislamiento.

CUANDO LA SEPARACIÓN ES NECESARIA

La decisión más difícil, pero a veces la más sagrada

Hay momentos en que la única opción es:

- alejarse
- cortar contacto
- cerrar ciclos
- proteger la vida emocional y espiritual

Separarse no es falta de perdón. Es supervivencia.

SANIDAD DESPUÉS DEL ABUSO NARCISISTA

Volver a vivir, volver a amar, volver a creer

La sanidad incluye:

- recuperar la identidad
- sanar la autoestima
- reconstruir la confianza
- restaurar la relación con Dios
- procesar el trauma
- aprender a amar sin miedo

Tu historia no termina en la herida. Tu historia comienza en la sanidad.

Sanar del narcisismo —como víctima o como narcisista defensivo— es un viaje de regreso a la verdad, a la identidad y a Dios. Y protegerse del narcisista maligno es un acto de amor propio y obediencia espiritual.

Este capítulo es un puente: del dolor a la libertad, del miedo a la identidad, del trauma a la restauración.

En el próximo capítulo exploraremos **cómo romper ciclos generacionales y evitar repetir patrones narcisistas**, tanto en ti como en tus relaciones.

CAPÍTULO SEIS

NARCISISMO INTENCIONAL Y NARCISISMO MALIGNO

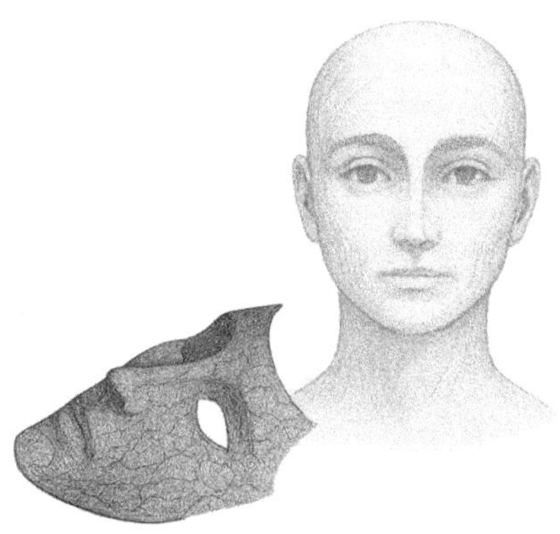

El ego que manipula... y el ego que destruye

La literatura clínica contemporánea reconoce que el narcisismo no es un fenómeno uniforme, sino un espectro que va desde defensas inconscientes hasta patrones de dominación deliberada. Autores como Kernberg (1975, 2024), Ronningstam (2016, 2025) y Levy (2024) han descrito que, en los niveles más severos, el narcisismo deja de ser una defensa y se convierte en un sistema organizado de manipulación, explotación y crueldad emocional.

Este capítulo aborda **las dos formas más peligrosas del narcisismo**:

- **El Narcisismo Intencional**: manipulación consciente.
- **El Narcisismo Maligno**: crueldad emocional y ausencia de empatía.

Ambos representan un punto de inflexión donde el ego deja de protegerse... y comienza a controlar, someter y destruir.

SECCIÓN I — NARCISISMO INTENCIONAL

El ego que manipula con conciencia

A diferencia del narcisismo defensivo o vulnerable, el narcisista intencional **sabe lo que hace**. No actúa desde la herida, sino desde la conveniencia.

La investigación clínica lo describe como un patrón donde la persona:

- reconoce el impacto de sus acciones,
- comprende que manipula,
- sabe que hiere
- y aun así continúa (Caligor & Petrini, 2025; Pincus & Lukowitsky, 2010)

Su motivación no es protección emocional. **Es beneficio personal.**

SEÑALES DEL NARCISISMO INTENCIONAL

a) Encanto superficial

Sabe cómo caer bien, cómo seducir emocionalmente y cómo ganarse la confianza. Este patrón coincide con lo que Millon (2011) llamó *"encanto instrumental"*.

b) Manipulación estratégica

Usa información, emociones y vulnerabilidades para obtener ventaja. Mullen (2019) describe esto como *"gestión de percepciones"*.

c) Doble vida emocional

Una cara en público, otra en privado.

d) Falta de remordimiento

No siente culpa por el daño causado (Levy, 2024).

e) Relaciones utilitarias

Las personas son medios, no fines.

IMPACTO EN LAS RELACIONES

El narcisista intencional:

- desgasta emocionalmente,
- confunde
- controla
- manipula
- crea dependencia
- usa el amor como moneda de intercambio

Las víctimas suelen presentar:

- ansiedad
- confusión de identidad
- hipervigilancia
- trauma relacional (Freyd & Birrell, 2024)

IMPACTO ESPIRITUAL

El narcisista intencional puede:

- usar lenguaje espiritual para justificar su conducta,
- manipular con culpa religiosa
- resistir la corrección
- esconderse detrás de “Dios conoce mi corazón”
- aparentar espiritualidad sin transformación

Ward (2024) explica que este patrón distorsiona la imagen de Dios y genera trauma espiritual.

¿PUEDE SANAR ESTE TIPO DE NARCISISMO?

Es difícil, porque requiere:

- reconocer daño
- asumir responsabilidad
- renunciar al control
- aceptar límites
- rendirse emocionalmente

Y el narcisista intencional evita todo eso.

Pero no es imposible hasta que se rinde. La sanidad comienza cuando la vida lo confronta con consecuencias (Ronningstam, 2011).

CASO DE LA VIDA REAL: NARCISISMO INTENCIONAL EN EL LIDERAZGO ESPIRITUAL

El encanto público, la manipulación privada y el daño espiritual profundo

En una ciudad conocida por su fervor religioso, una pareja de líderes espirituales gozaba de una reputación impecable.

Eran respetados, admirados y vistos como modelos de humildad y servicio. Desde afuera, parecían encarnar la devoción perfecta: ayudaban a los necesitados, predicaban con pasión y mostraban una imagen de entrega total a Dios.

Pero detrás de las cortinas, la realidad era otra.

Un miembro muy cercano de su propia familia —alguien con acceso directo a su vida privada— describió lo que ocurría en su círculo íntimo como "repugnante". Según su testimonio, estos líderes eran, en sus palabras, "las personas más narcisistas que hayan existido en la tierra". Su comportamiento no era fruto de heridas no resueltas, sino de **manipulación intencional y estratégica**.

Dinámicas presentes

- **Encanto superficial:** En público eran amables, serviciales y profundamente espirituales.
- **Manipulación estratégica:** Usaban información confidencial para controlar decisiones dentro de la congregación.
- **Narcisismo santo:** Justificaban sus acciones con frases como "Dios nos mostró", "Dios nos respalda", "somos la autoridad espiritual".
- **Control económico:** Tomaban grandes cantidades de dinero "para la obra", pero lo usaban para financiar un estilo de vida lujoso.
- **Encubrimiento del pecado:** Llegaron incluso a

encubrir casos de incesto para proteger su imagen pública.

- **Castigo al desacuerdo:** Quien cuestionaba era acusado de rebeldía o falta de fe.

Impacto en la víctima principal

La persona cercana que reveló la verdad terminó completamente destruida emocional y espiritualmente:

- desarrolló ansiedad severa
- presentó síntomas de trauma religioso
- perdió la confianza en la iglesia
- se alejó de toda comunidad de fe
- y afirmó que nunca volvería a una iglesia por el daño observado

Incluso sus propios hijos terminaron alejándose de ellos, incapaces de soportar la manipulación, el control y la doble vida espiritual.

Este caso ilustra lo que la literatura describe como:

> "Manipulación estratégica con conciencia del daño causado." —Pincus & Lukowitsky (2010)

Es un ejemplo claro de **narcisismo intencional con uso instrumental de la espiritualidad.**

SECCIÓN II — NARCISISMO MALIGNO

El ego que disfruta dominar

El narcisismo maligno es la forma más oscura, destructiva y peligrosa del espectro narcisista. Kernberg (2024) lo describe como una combinación de:

- narcisismo severo
- agresión
- sadismo emocional
- rasgos antisociales

Aquí ya no hablamos de protección, inseguridad o conveniencia. Hablamos de **crueldad emocional**.

EL NARCISISTA MALIGNO NO BUSCA AMOR: BUSCA PODER

Su motivación principal es:

- controlar
- someter
- dominar
- humillar
- destruir emocionalmente

No siente culpa. No siente empatía. No siente responsabilidad.

SEÑALES DEL NARCISISMO MALIGNO

a) Crueldad emocional

Disfruta ver a otros sufrir (Levy, 2024).

b) Manipulación extrema

Gaslighting severo, mentiras calculadas, distorsión de la realidad.

c) Sadismo emocional

Encuentra placer en el dolor ajeno.

d) Aislamiento de la víctima

Controla amistades, familia, decisiones.

e) Violencia emocional o psicológica

Amenazas, intimidación, humillación.

IMPACTO EN LAS RELACIONES

El narcisista maligno causa:

- trauma profundo,
- ansiedad crónica,
- pérdida de identidad,
- dependencia emocional,
- miedo constante,
- confusión mental.

Las víctimas suelen presentar síntomas compatibles con TEPT complejo (Herman, 2015; van der Kolk, 2014).

IMPACTO ESPIRITUAL

El narcisista maligno:

- endurece su corazón
- rechaza la corrección
- usa la espiritualidad como arma
- distorsiona la imagen de Dios
- crea ambientes espirituales tóxicos

Puede convertirse en:

- un líder abusivo
- un padre opresivo
- una pareja destructiva

¿PUEDE SANAR ESTE TIPO DE NARCISISMO?

Es el más difícil de transformar, porque:

- no reconoce su maldad
- no siente culpa
- no desea cambiar
- no ve problema en su comportamiento

La sanidad requiere:

- intervención profunda
- límites estrictos
- separación en muchos casos
- confrontación comunitaria (McKnight & Barringer, 2020)

CASO DE LA VIDA REAL — NARCISISMO MALIGNO EN UNA RELACIÓN DE PAREJA

El sadismo emocional, la destrucción de la identidad y el trauma profundo

Ella era una joven llena de vida, sueños y esperanza. Cuando conoció a este hombre, él parecía perfecto: atento, protector, romántico y lleno de promesas. La idealizó desde el primer día. Le prometió un futuro brillante, estabilidad, amor incondicional y una vida juntos llena de propósito.

Pero todo era una trampa.

Dinámicas y observaciones presentes

Una vez que él sintió que la tenía emocionalmente atrapada, su comportamiento cambió de manera abrupta:

- comenzó a humillarla con palabras hirientes
- la hacía sentir inferior
- se deleitaba en verla llorar

- disfrutaba su sufrimiento
- la aisló de amigos y familia
- distorsionaba la realidad para confundirla
- y la culpaba por su propio abuso

Cuando ella reclamaba o intentaba poner límites, él respondía:

"Es que tú te lo buscas." "Tú provocas esto." "Si fueras diferente, yo no reaccionaría así."

Impacto en la víctima

Con el tiempo, ella dejó de reconocerse:

- perdió su identidad
- dejó de confiar en su percepción
- desarrolló síntomas de TEPT complejo
- vivía con miedo constante

y se convirtió en una versión rota de sí misma.

Él había logrado lo que muchos narcisistas malignos buscan: **destruir la identidad de la víctima para dominarla completamente.**

Este caso coincide con lo que Kernberg (2024) describe como:

> "La combinación de narcisismo severo, agresión y rasgos antisociales que producen patrones destructivos y sádicos."

Es un ejemplo claro de **narcisismo maligno con sadismo emocional**.

En conclusión, el narcisismo intencional y el narcisismo maligno representan las formas más peligrosas del ego humano. Pero incluso en estas sombras, la verdad sigue siendo luz.

La verdad revela. La verdad rompe cadenas. La verdad devuelve la voz. La verdad restaura la identidad. La verdad expone lo que el abuso ocultó.

Y aquí está la declaración final:

El narcisista puede controlar, pero no puede apagar la verdad. Puede manipular, pero no puede destruir la identidad que Dios dio. Puede herir, pero no puede impedir la restauración. La última palabra no la tiene el abuso. La última palabra la tiene la libertad.

Este capítulo no es un final. Es una llave. Una llave para reconocer, nombrar y liberarse de las formas más destructivas del narcisismo.

CAPÍTULO SIETE

LA ARQUITECTURA INTERNA Y LA DINÁMICA RELACIONAL DEL NARCISISTA

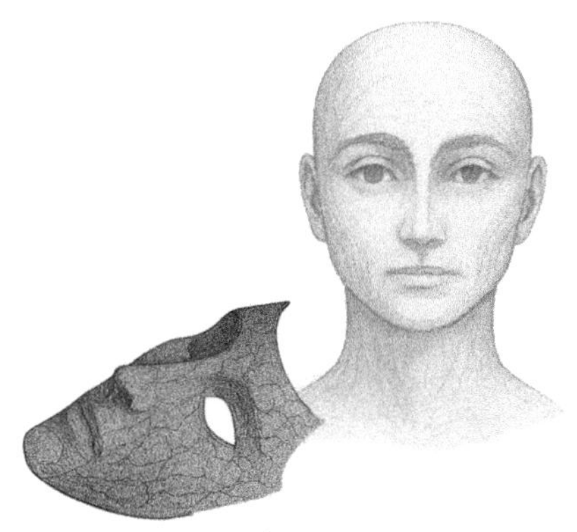

Cómo su mundo interior fragmentado
Se convierte en un patrón relacional devastador

El narcisismo no es un rasgo aislado ni un simple exceso de autoestima. Es una **estructura psíquica compleja**, levantada como una fortaleza defensiva alrededor de un núcleo emocional extremadamente vulnerable. Comprender esta arquitectura interna es esencial para entender por qué el narcisista actúa como actúa, por qué hiere sin querer —o sin poder evitarlo—

y por qué parece vivir atrapado en un ciclo interminable de búsqueda y destrucción de vínculos.

La investigación clínica contemporánea confirma que el narcisismo se forma como una defensa ante heridas tempranas, vergüenza internalizada y experiencias de invalidación emocional que impiden el desarrollo de un yo cohesionado (Kernberg, 2024).

EL YO FRAGMENTADO: UN MOSAICO DE IDENTIDADES

El narcisista no posee un yo cohesionado. Su identidad es un mosaico de partes que no terminan de encajar.

El Yo auténtico

Es la parte más oculta y más temida.

- Se siente insuficiente.
- Se percibe defectuoso.
- Vive con miedo a ser descubierto.

Este yo auténtico es tan frágil que el narcisista lo mantiene enterrado bajo capas de defensas.

El Yo idealizado

Es la fantasía de perfección que el narcisista construye para sobrevivir.

- Invulnerable.
- Admirado.
- Superior.

No es un yo real, sino un refugio imaginario donde se esconde cuando la realidad lo amenaza.

El Yo funcional

Es el que interactúa con el mundo. Oscila entre la grandiosidad y la inseguridad, entre la seducción y el retraimiento. Esta oscilación constante genera una sensación de inestabilidad que quienes conviven con un narcisista perciben como **imprevisibilidad emocional**.

Estudios recientes muestran que esta fragmentación interna produce una identidad fluctuante que depende del contexto y de la validación externa (Ronningstam, 2025).

LA IDEALIZACIÓN: ESPEJOS QUE DEVUELVEN LUZ PRESTADA

El narcisista no se relaciona con personas, sino con reflejos. La idealización es un proceso mediante el cual atribuye cualidades extraordinarias a alguien que cumple una función emocional específica.

La función de la idealización

- Proveer un espejo que devuelva una imagen grandiosa.
- Crear la ilusión de conexión profunda.
- Evitar el contacto con el yo auténtico.

La idealización no es amor: es una forma de autoafirmación.

La fragilidad del pedestal

La idealización es inestable porque depende de que el otro siga reflejando lo que el narcisista necesita. Un límite, una crítica o un gesto de independencia… y el pedestal se tambalea.

LA DEVALUACIÓN: LA CAÍDA DEL ESPEJO

Cuando el reflejo deja de ser perfecto, el narcisista experimenta una **herida narcisista**: una sensación de humillación interna que no puede tolerar. La devaluación aparece como un mecanismo automático para protegerse.

La lógica interna de la devaluación

- "Si tú no eres perfecto, entonces yo tampoco."
- "Si tú me fallas, debo destruirte antes de que me destruyas."

LA DEVALUACIÓN NO ES RACIONAL: ES DEFENSIVA.

Formas de devaluación

- Críticas sutiles o abiertas.
- Retiro emocional.
- Silencios punitivos.
- Reescritura de la historia compartida.

El narcisista no destruye al otro por maldad, sino para evitar sentir su propia insuficiencia.

EL VACÍO NARCISISTA: LA AUSENCIA QUE LO DEVORA TODO

El vacío narcisista no es un sentimiento, sino la ausencia de sentimiento. Es una desconexión interna que el narcisista intenta llenar compulsivamente.

Cómo se manifiesta

- Sensación de irrealidad.
- Falta de propósito interno.
- Necesidad constante de estímulos externos.
- Incapacidad para disfrutar de logros duraderos.

El vacío como motor

El narcisista no busca admiración por vanidad, sino por

supervivencia emocional. Sin estímulos externos, su identidad se desmorona.

La literatura clínica describe este vacío como un estado crónico de desconexión emocional que impulsa la búsqueda compulsiva de validación (Levy, 2024).

LA DEPENDENCIA INVISIBLE: LA PARADOJA DEL NARCISISTA

Aunque parezca autosuficiente, el narcisista depende profundamente de los demás. Su identidad se sostiene sobre la mirada ajena.

La paradoja

- Necesita a los demás para sentirse valioso.
- Pero teme depender de ellos.
- Y por ese temor, destruye los vínculos que más necesita.

El terror a la intimidad

La intimidad implica mostrarse. Mostrarse implica riesgo. El riesgo implica dolor.

Por eso el narcisista se acerca y se aleja, seduce y rechaza, promete y retira. No sabe cómo sostener un vínculo sin sentir que pierde el control.

LA ARQUITECTURA COMO PRISIÓN

La estructura interna del narcisista, diseñada para protegerlo, termina convirtiéndose en su cárcel.

La imposibilidad de sostener vínculos

El narcisista no destruye relaciones por maldad, sino porque su estructura interna no le permite tolerar la vulnerabilidad que implica amar.

La repetición del ciclo

Idealización → Devaluación → Descarte → Búsqueda de nuevo suministro. Un ciclo que se repite porque el vacío nunca se llena.

CASO DE LA VIDA REAL: HISTORIA DE TRANSFORMACIÓN

Cuando la herida infantil se convierte en restauración

Desde niña, ella creció en un ambiente profundamente tóxico. Su padre adoptivo era narcisista, drogadicto y violento. La casa donde debía sentirse segura era un campo de batalla emocional. Desde pequeña presenció abuso doméstico contra su madre, gritos, golpes y humillaciones que marcaron su alma antes de que pudiera comprender lo que significaban.

En ese ambiente, aprendió una lección equivocada pero poderosa: "**Si no me defiendo, me destruyen.**"

Así, sin darse cuenta, desarrolló una coraza emocional. Se prometió que jamás permitiría que alguien la tratara como su padre trató a su madre. Pero esa defensa se convirtió en un arma. En la escuela, ella era la bully. Intimidaba, humillaba y controlaba a otros niños. No porque fuera mala, sino porque estaba repitiendo el único modelo de poder que había visto.

Sin quererlo, se convirtió en lo que más odiaba: una versión infantil del narcisismo que la había herido.

Años más tarde, ya adulta, comenzó a notar que su forma de relacionarse estaba marcada por la dureza, la desconfianza y la necesidad de controlar. Su corazón estaba blindado. Su vulnerabilidad, enterrada. Su identidad, moldeada por el trauma.

Fue entonces cuando, en un momento de profunda confrontación interna, comprendió la verdad: su conducta no era maldad, era supervivencia. Era la niña herida actuando desde el miedo.

Cuando esa revelación llegó, lloró como no había llorado en años. Lloró por su infancia. Lloró por su madre. Lloró por los niños que había lastimado. Lloró por la mujer que se había convertido sin querer. Lloró por las veces que ofendió a sus hijos y familiares más queridos.

En ese quebranto, abrió su corazón a la transformación que la fe le ofrecía. Buscó ayuda profesional. Se permitió sentir lo que nunca había sentido. Se llenó de valor para enfrentar lo que había evitado toda su vida: su dolor.

Y tomó una decisión radical: pedir perdón.

Fue con sus hijos, con familiares, con personas cercanas a quienes había herido. No desde la culpa, sino desde la responsabilidad emocional. No desde la vergüenza, sino desde la libertad.

Ese acto de humildad rompió el ciclo generacional.

Hoy, ella es una mujer completamente distinta. Amorosa. Tierna. Empática. Capaz de dar el amor que nunca recibió. Capaz de ver el dolor ajeno con una sensibilidad que solo nace de haber sido restaurada.

Su historia es un testimonio vivo de que:

- El narcisismo defensivo puede transformarse.
- La herida infantil puede sanar.
- Y la identidad puede reconstruirse desde la verdad y la gracia.

Ahora es querida por los suyos, respetada por quienes la conocen y profundamente efectiva ayudando a otros en su propio proceso de sanidad interior. Su pasado no la define; la prepara. Su dolor no la destruyó; la formó. Su historia no es una marca de vergüenza; es una herramienta de restauración.

Esta historia demuestra que **la arquitectura interna del narcisista no es una sentencia**, sino un mapa que, cuando se reconoce, puede guiar hacia la libertad.

LA DINÁMICA RELACIONAL DEL NARCISISTA

Cómo su mundo interno se convierte en una danza emocional devastadora

El narcisista no vive aislado en su arquitectura interna. Su estructura psicológica se despliega en sus relaciones. Allí es donde su fragilidad se vuelve más evidente, aunque casi siempre disfrazada de encanto, intensidad o aparente seguridad. Las relaciones no son para él un espacio de encuentro, sino un escenario donde se juega su identidad.

La Seducción Inicial: el espejismo perfecto

El primer contacto con un narcisista suele ser magnético. No porque ame profundamente, sino porque **necesita profundamente**.

La lectura intuitiva del otro

El narcisista detecta vulnerabilidades, deseos no expresados e inseguridades. No lo hace de forma consciente; es un mecanismo de supervivencia.

La ilusión de compatibilidad total, Durante esta fase:

- escucha
- valida
- idealiza
- promete
- se muestra disponible

Lo que parece amor es reflejo: él devuelve la imagen que cree que lo hará indispensable.

La Apropiación Emocional: el vínculo como territorio

Una vez establecida la conexión, el narcisista comienza a apropiarse emocionalmente del otro.

La necesidad de control

La autonomía del otro lo amenaza. Por eso:

- define la narrativa,
- establece reglas implícitas,
- exige lealtad emocional,
- interpreta límites como ataques.

La absorción de la identidad ajena

El otro reorganiza su vida alrededor del narcisista. La relación se convierte en un sistema donde él es el sol y el otro, un satélite.

La Inestabilidad afectiva: la montaña rusa emocional

La relación oscila entre cercanía intensa y distanciamiento frío.

Idealización y devaluación

Se acerca cuando necesita validación. Se aleja cuando siente amenaza.

La confusión del otro

Quien se relaciona con un narcisista experimenta:

- incertidumbre
- ansiedad
- culpa
- hiperalerta emocional

La Incapacidad para la Empatía Profunda

El narcisista puede entender lo que sientes, pero no sostenerlo emocionalmente.

La empatía profunda lo expone a su propio vacío, por eso la evita.

El Miedo al Abandono: la herida que gobierna todo

Detrás de la grandiosidad vive un miedo primario: ser abandonado.

Este miedo gobierna sus reacciones, sus celos, su necesidad de atención y sus explosiones emocionales.

El Descarte: la ruptura emocional

Cuando ya no obtiene lo que necesita, o cuando el otro establece límites, puede producirse el descarte.

No es olvido: es defensa.

El Retorno: el ciclo que nunca termina

El narcisista puede volver cuando siente vacío, pierde otra fuente de validación o teme estar solo.

El retorno no implica cambio interno; implica necesidad.

CAPÍTULO OCHO

EL VÍNCULO TRAUMÁTICO: POR QUÉ ES TAN DIFÍCIL SOLTAR AL NARCISISTA

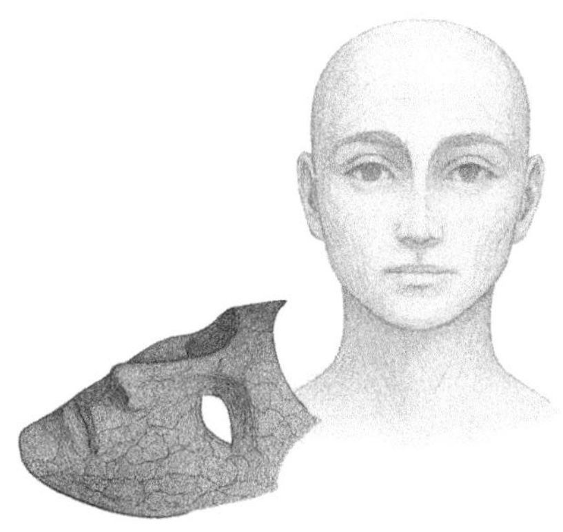

Salir de una relación con un narcisista no es un acto de voluntad, sino un proceso emocional complejo. Quien no lo ha vivido suele preguntar: "¿Por qué no te fuiste antes?" Pero esa pregunta desconoce la naturaleza del vínculo traumático: una conexión emocional intensa, contradictoria y adictiva que se forma entre el narcisista y la otra persona. La literatura clínica explica que este tipo de vínculo surge cuando la relación combina afecto, miedo, incertidumbre y refuerzo intermitente, generando una dependencia emocional comparable a una adicción conductual (Psychology Today Staff, 2025).

Este capítulo explora ese vínculo, no para culpar a nadie, sino para comprender la fuerza invisible que mantiene unida a la pareja incluso cuando el dolor supera al amor.

CASO DE LA VIDA REAL: LA VOZ DEL NARCISISTA EN LA MENTE DE LA VÍCTIMA

Hablando con una sobreviviente de una relación abusiva con un narcisista, ella me explicaba que el terror de dejarlo no la dejaba tomar esa decisión. Él se encargó de hacerla dependiente de tal manera que repetía constantemente: *"Tú sin mí no puedes vivir. Me necesitas. Sin mí no eres nadie."*

Le decía: *"No sabes hacer nada. No puedes trabajar. No sabes inglés. No sabes guiar. No sabes expresarte."*

Y lo más devastador no fueron las palabras, sino que ella terminó creyéndolas.

Después de años escuchando ese discurso, su identidad quedó moldeada por la voz del agresor. Ella literalmente no se veía sin él. Vivió atrapada en ese tormento porque la mentira se convirtió en su realidad emocional: sin él, sentía que no era nadie.

Esta historia no es un caso aislado. Refleja un patrón ampliamente documentado en la literatura clínica: la dependencia inducida, la erosión de la identidad y la manipulación emocional que caracterizan los vínculos traumáticos.

LA QUÍMICA DEL TRAUMA: EL CEREBRO ATRAPADO EN LA MONTAÑA RUSA

El vínculo traumático se forma cuando el cerebro asocia amor y dolor en un mismo espacio emocional. Estudios recientes muestran que las relaciones con narcisistas activan los mismos circuitos neurobiológicos que los patrones adictivos, especialmente cuando hay alternancia entre afecto y rechazo (Meloni, 2025).

La alternancia como adicción

El ciclo idealización–devaluación–recompensa activa los mismos circuitos cerebrales que las adicciones:

- dopamina (anticipación)
- cortisol (estrés)
- oxitocina (apego)
- adrenalina (intensidad)

La neurociencia del abuso emocional confirma que la dopamina liberada por recompensas impredecibles fortalece el apego hacia el agresor, incluso cuando la relación es dañina (Unplugged Psychology, 2025). El cuerpo se acostumbra a la montaña rusa emocional. La calma se siente extraña. El conflicto se siente familiar.

La recompensa intermitente

El narcisista no da afecto de forma constante, sino intermitente. Y la recompensa intermitente es la forma más poderosa de condicionamiento emocional. La investigación en psicología del comportamiento demuestra que este tipo de refuerzo es el que más intensamente fija conductas y vínculos, porque el cerebro se queda esperando el próximo momento de conexión, como quien espera una dosis (Wakefield, 2023).

LA IDEALIZACIÓN INTERNA: EL RECUERDO QUE ENGAÑA

Incluso cuando la relación se vuelve dolorosa, la mente del otro sigue aferrada a la fase inicial. La fase de idealización es tan intensa que el cerebro la registra como "realidad emocional", dificultando integrar posteriormente el abuso o la devaluación (Drescher, 2024).

El espejismo del "quién fue"

El otro no extraña al narcisista real, sino:

- al que escuchaba
- al que idealizaba
- al que prometía
- al que parecía ver lo mejor en él

Ese "quién fue" no era auténtico, pero sí fue vivido como real. La literatura clínica describe este fenómeno como una "memoria emocional distorsionada", donde la víctima se aferra a la versión idealizada creada estratégicamente por el narcisista (Greenberg, 2024).

La esperanza como ancla

La esperanza de que el narcisista "vuelva a ser el de antes" mantiene el vínculo vivo. Pero ese "antes" fue una construcción defensiva, no una versión perdida. Este tipo de esperanza es un mecanismo psicológico común en vínculos traumáticos, donde la persona confunde potencial con realidad (Attachment Project, 2025).

LA CULPA Y LA RESPONSABILIDAD DISTORSIONADA

El narcisista, para proteger su autoimagen, desplaza la responsabilidad hacia el otro. La culpa inducida es una herramienta de control emocional ampliamente documentada en relaciones abusivas (Meloni, 2025).

El peso de la culpa

El otro empieza a creer que:

- no es suficiente
- exagera
- provoca

- debería ser más paciente
- podría "salvar" al narcisista

La culpa se convierte en un lazo emocional. La víctima comienza a asumir responsabilidades que no le corresponden debido a la manipulación emocional y la vergüenza inducida (Wakefield, 2023).

El rol del salvador

Muchos se quedan porque sienten que el narcisista "los necesita". Confunden dependencia con amor. Confunden fragilidad con intimidad. Este patrón es frecuente en relaciones donde el agresor alterna vulnerabilidad aparente con control, generando confusión emocional (Greenberg, 2024).

LA DISOLUCIÓN DEL YO: CUANDO IRSE IMPLICA PERDERSE

Salir de la relación implica recuperar partes de uno mismo que fueron erosionadas. Desde la teoría del apego, se sabe que los vínculos marcados por miedo, imprevisibilidad o abuso generan patrones relacionales desorganizados que afectan la identidad y la capacidad de separarse (Schore, 2012).

El miedo a la soledad

Después de una relación intensa, la soledad se siente como un abismo. El otro teme:

- no encontrar algo igual
- no ser amado de nuevo
- no saber quién es sin el narcisista

La identidad moldeada por el vínculo

Cuando el yo se ha diluido, romper la relación implica reconstruirse desde cero. Ese proceso da miedo. Y el miedo ata.

EL REGRESO DEL NARCISISTA: EL CICLO QUE SE REACTIVA

El narcisista suele volver cuando siente que pierde su fuente de validación. Este retorno estratégico, conocido como *hoovering*, está ampliamente documentado como una táctica de manipulación emocional (Drescher, 2025).

El "hoovering"

Puede aparecer con:

- disculpas
- promesas
- nostalgia

- vulnerabilidad aparente
- gestos románticos

No es amor: es necesidad. El objetivo es recuperar el control y restablecer el suministro emocional (Foley, 2025).

El efecto en el otro

El regreso del narcisista reabre la herida. El otro siente alivio, confusión, esperanza. El ciclo se reinicia. Este retorno inesperado reactiva la dopamina y reenciende el vínculo traumático (Meloni, 2025).

LA RUPTURA REAL: CUANDO EL VÍNCULO SE DESHACE

Romper un vínculo traumático no es un evento, sino un proceso. Los estudios sobre trauma vincular muestran que la separación requiere distancia emocional suficiente para que el sistema nervioso deje de asociar alivio con el agresor (Psychology Today Staff, 2025).

La claridad emocional

El primer paso es ver la relación tal como es, no como fue ni como podría ser.

La distancia como medicina

El contacto cero no es castigo: es desintoxicación emocional. Es permitir que el cerebro vuelva a la calma.

La reconstrucción del yo

La salida real ocurre cuando el otro:

- recupera su voz
- recupera su intuición
- recupera su dignidad emocional

La ruptura no es el final: es el inicio de un regreso a sí mismo.

CAPÍTULO NUEVE

EL NARCISISTA FRENTE AL ESPEJO: LA GUERRA INTERNA

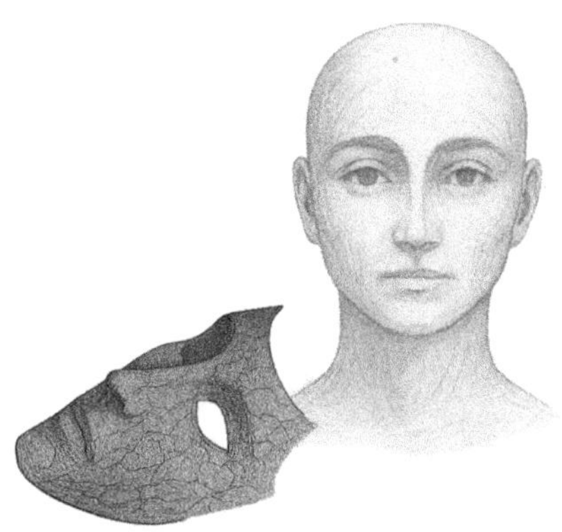

Detrás de la grandiosidad, detrás del control, detrás de la seducción y la frialdad, existe un territorio emocional que el narcisista rara vez visita: su relación consigo mismo. Es un espacio lleno de tensiones, contradicciones y silencios. Un lugar donde la identidad se sostiene con hilos frágiles y donde la vulnerabilidad es un enemigo que debe ser mantenido a raya. La literatura clínica describe este espacio interno como un "yo fragmentado", sostenido por defensas rígidas que buscan evitar el contacto con emociones intolerables (Kernberg, 2016).

Comprender esta guerra interna no busca generar compasión ciega, sino claridad. Porque solo entendiendo este conflicto íntimo se puede comprender por qué el narcisista actúa como actúa.

EL ESPEJO INTERNO: UN REFLEJO QUE NUNCA ALCANZA

El narcisista vive atrapado en una búsqueda constante de validación. No importa cuánto reciba: nunca es suficiente. Según Kohut (1971), esta necesidad insaciable surge de un déficit temprano en la formación del self, lo que obliga al individuo a depender de la admiración externa para sostener su identidad.

La imposibilidad de verse a sí mismo

El narcisista no puede sostener una autoimagen estable. Su identidad depende de:

- la admiración
- la atención
- la confirmación externa

Sin esos espejos, su yo se desdibuja. Ronningstam (2011) explica que esta dependencia extrema de la validación externa es una de las características centrales del trastorno, pues el narcisista carece de un sentido interno de valor propio.

El reflejo distorsionado

Cuando se mira internamente, no ve grandeza ni poder. Ve:

- insuficiencia
- vergüenza
- miedo
- vacío

Por eso evita el espejo interno y busca espejos externos. La investigación muestra que, detrás de la fachada grandiosa, los narcisistas suelen experimentar niveles elevados de vergüenza y autocrítica, aunque rara vez lo expresen (Tracy & Robins, 2004).

LA VERGÜENZA OCULTA: EL NÚCLEO QUE GOBIERNA TODO

En el centro del narcisista no hay grandiosidad, sino vergüenza. Una vergüenza tan profunda que ni siquiera puede ser nombrada. Kohut y otros autores han descrito esta vergüenza como una herida primaria que amenaza con desintegrar el yo si llega a la conciencia (Kohut, 1977).

La vergüenza como herida primaria

Es la sensación de:

- no ser suficiente
- no ser digno de amor

- no ser aceptable tal como es

Esta vergüenza es tan intolerable que el narcisista construye defensas para no sentirla. Pincus y Lukowitsky (2010) señalan que la vergüenza es el motor oculto tanto del narcisismo grandioso como del vulnerable.

La vergüenza como motor

Cada acto de grandiosidad es un intento de escapar de esa vergüenza. Cada acto de control, un intento de evitar que otros la vean. Cada acto de devaluación, un intento de proyectarla afuera. Millon (2011) describe este patrón como un mecanismo de supervivencia emocional: la grandiosidad no es arrogancia, sino una defensa contra el colapso interno.

LA AUTOEXIGENCIA IMPOSIBLE: EL TIRANO INTERNO

El narcisista vive bajo la dictadura de un ideal imposible. Este "yo idealizado" funciona como un juez interno que exige perfección absoluta, un fenómeno ampliamente documentado en la psicología del self (Kohut, 1971).

El yo idealizado como juez

Ese yo perfecto que creó en la infancia se convierte en un juez implacable:

- "Debes ser el mejor."

- "No puedes fallar."
- "No puedes mostrar debilidad."
- "No puedes depender de nadie."

El narcisista no busca ser admirado por vanidad, sino por obligación interna. Ronningstam (2016) explica que esta autoexigencia extrema es una forma de evitar el contacto con la vulnerabilidad.

El castigo por la imperfección

Cuando falla —y siempre falla, porque el ideal es inalcanzable— se castiga con:

- autocrítica feroz
- retraimiento
- rabia interna
- proyecciones hacia otros

La guerra interna se intensifica. Campbell y Miller (2011) señalan que la rabia narcisista surge precisamente cuando el yo idealizado se ve amenazado.

EL VACÍO EXISTENCIAL: LA DESCONEXIÓN DEL YO

El narcisista no solo se desconecta de los demás; también se desconecta de sí mismo. Kernberg (2016) describe este vacío como una consecuencia de la falta de integración emocional y de la represión del yo auténtico.

La ausencia de un yo auténtico

El yo auténtico fue reprimido en la infancia. El narcisista no sabe:

- qué siente
- qué desea
- qué necesita
- quién es

La vida como actuación

Su existencia se convierte en una performance constante. Cada interacción es un escenario. Cada vínculo, un papel. Cada logro, un intento de llenar el vacío. Pero el vacío no se llena. Solo se anestesia. Ronningstam (2011) señala que esta teatralidad es una estrategia para mantener la cohesión del self.

LA DEPENDENCIA EMOCIONAL NEGADA

El narcisista necesita profundamente a los demás, pero no puede admitirlo.

El terror a depender

Depender implica vulnerabilidad. Y la vulnerabilidad activa la vergüenza.

Por eso:

- rechaza la intimidad
- evita la cercanía emocional
- se burla de la sensibilidad ajena

La literatura clínica confirma que la dependencia emocional es una de las partes más negadas del narcisismo, precisamente porque amenaza la ilusión de autosuficiencia (Kernberg, 2016).

La paradoja

Necesita amor, pero no puede recibirlo. Necesita conexión, pero la teme. Necesita ser visto, pero se esconde. Este dilema interno es descrito por Millon (2011) como la "trampa narcisista": un ciclo donde la necesidad y el miedo se retroalimentan.

LA SOLEDAD PROFUNDA: EL PRECIO DE LA DEFENSA

El narcisista vive rodeado de personas, pero profundamente solo.

La soledad como consecuencia

Sus defensas lo protegen del dolor, pero también lo aíslan del amor. La grandiosidad crea distancia. El control destruye vínculos. La devaluación ahuyenta a quienes lo quieren.

Ronningstam (2016) señala que esta soledad no es accidental, sino estructural.

La soledad como destino

El narcisista no entiende por qué los demás se alejan. Interpreta la distancia como traición, no como consecuencia de su propio miedo. Campbell y Miller (2011) explican que esta incapacidad para ver el impacto de su conducta es parte del déficit empático característico del trastorno.

LA IMPOSIBILIDAD DE LA AUTOCRÍTICA PROFUNDA

El narcisista puede reconocer errores superficiales, pero no puede enfrentar su herida interna.

Por qué no puede verse

Ver su responsabilidad implicaría:

- enfrentar la vergüenza
- aceptar la vulnerabilidad
- reconocer la necesidad de cambio

Su estructura defensiva no lo permite. Kernberg (2016) describe esta resistencia como una defensa contra la desintegración del yo.

La autocrítica como amenaza

La autocrítica profunda podría derrumbar su identidad. Por eso la evita. Por eso proyecta. Por eso culpa. Pincus y Lukowitsky (2010) explican que la proyección es una de las defensas más comunes para evitar el colapso interno.

CAPÍTULO DIEZ

¿PUEDE CAMBIAR EL NARCISISTA? LA POSIBILIDAD Y EL LÍMITE DE LA TRANSFORMACIÓN

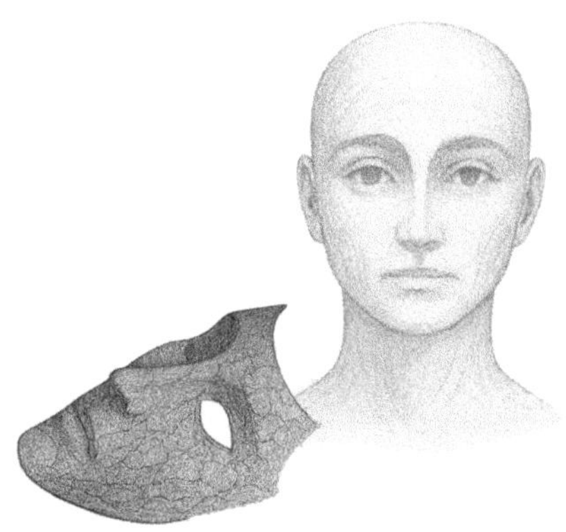

La idea de que un narcisista pueda cambiar es un tema que despierta emociones intensas. Para algunos, es una esperanza. Para otros, una trampa. Para el narcisista mismo, es una amenaza a su estructura defensiva. Pero la verdad es más compleja: el cambio es posible, pero profundamente difícil. La investigación clínica coincide en que la transformación requiere un nivel de introspección y vulnerabilidad que el narcisista, por estructura, evita de manera automática (Ronningstam, 2016).

No porque el narcisista sea incapaz, sino porque su sistema psicológico está diseñado para evitar precisamente aquello que el cambio requiere: vulnerabilidad, introspección, responsabilidad emocional. Kernberg (2016) señala que el narcisismo patológico se sostiene mediante defensas rígidas que bloquean el acceso a la herida primaria, lo que dificulta cualquier proceso de cambio profundo.

EL PRIMER OBSTÁCULO: LA NEGACIÓN DE LA HERIDA

El narcisista no reconoce su herida primaria. No porque no exista, sino porque su estructura defensiva la mantiene fuera de su conciencia. Kohut (1971) explica que esta desconexión del dolor interno es un mecanismo de supervivencia emocional desarrollado en la infancia.

La negación como supervivencia

Aceptar su herida implicaría:

- reconocer su fragilidad
- enfrentar su vergüenza
- admitir su dependencia emocional

Para el narcisista, esto no es solo incómodo: es peligroso. La literatura clínica describe esta negación como una defensa esencial para evitar el colapso del yo (Pincus & Lukowitsky, 2010).

La negación como identidad

El narcisista no solo niega su herida; la niega porque su identidad está construida sobre esa negación. Cambiar implicaría desarmar su propio yo. Millon (2011) señala que el narcisista teme que cualquier contacto con su vulnerabilidad desestabilice su sentido de identidad.

EL SEGUNDO OBSTÁCULO: LA FRAGILIDAD DEL YO

El narcisista no tiene un yo sólido desde el cual iniciar un proceso de transformación. Kernberg (2016) describe esta fragilidad como una falta de integración emocional que impide sostener procesos introspectivos prolongados.

La falta de introspección estable

Puede tener momentos de lucidez, pero no puede sostenerlos. La introspección profunda activa su vergüenza, y la vergüenza activa sus defensas. Ronningstam (2011) explica que esta oscilación entre lucidez y negación es típica del narcisismo patológico.

La identidad como máscara

El narcisista confunde su máscara con su yo. Cambiar la máscara se siente como desaparecer. Campbell y Miller (2011) señalan que la identidad narcisista es performativa: existe para ser vista, no para ser sentida.

EL TERCER OBSTÁCULO: LA RESPONSABILIDAD EMOCIONAL

El cambio requiere asumir responsabilidad por el daño causado. Pero para el narcisista, la responsabilidad es una amenaza directa a su autoimagen.

La proyección como defensa

En lugar de asumir responsabilidad, proyecta:

- culpa
- vergüenza
- inseguridad

La proyección es una de las defensas más documentadas en el narcisismo, utilizada para evitar el contacto con la autocrítica profunda (Kernberg, 2016).

La dificultad de pedir perdón

Pedir perdón implica reconocer vulnerabilidad. Y la vulnerabilidad activa su herida primaria. Ronningstam (2016) afirma que el narcisista suele interpretar el acto de disculparse como una humillación intolerable.

¿QUÉ HACE POSIBLE EL CAMBIO?

Aunque difícil, el cambio no es imposible. Pero requiere condiciones muy específicas.

El colapso narcisista

A veces, el narcisista toca fondo:

- pierde una relación importante
- enfrenta un fracaso significativo
- experimenta un vacío insoportable

Este colapso puede abrir una grieta en su estructura defensiva. Kohut (1977) describe este fenómeno como una "fractura del self", que puede generar una apertura temporal hacia la introspección.

La motivación interna

El cambio solo ocurre cuando el narcisista siente que su modo de funcionar ya no le sirve.

- No cambia por amor.
- No cambia por culpa.
- No cambia por presión externa.

Cambia cuando su estructura se vuelve insostenible. Millon (2011) señala que la motivación interna es el predictor más fuerte de cambio en personalidades narcisistas.

La terapia especializada

El narcisista necesita un espacio terapéutico que:

- No lo confronte de forma abrupta.

- No lo idealice.
- No lo humille.
- Lo acompañe a tolerar su vergüenza.

El proceso es lento, doloroso y lleno de retrocesos. Ronningstam (2016) enfatiza que el tratamiento requiere un equilibrio entre confrontación empática y límites firmes.

¿QUÉ ASPECTOS PUEDEN CAMBIAR?

El narcisista no se convierte en otra persona, pero puede desarrollar nuevas capacidades.

Mayor conciencia emocional

Puede aprender a identificar sus emociones. No siempre a sentirlas plenamente, pero sí a reconocerlas. La terapia basada en mentalización ha mostrado avances en este aspecto (Bateman & Fonagy, 2016).

Reducción de conductas dañinas

Puede aprender a:

- regular su impulsividad
- evitar la devaluación
- manejar su ira
- respetar límites

Campbell y Miller (2011) señalan que la modificación conductual es más alcanzable que la transformación profunda del self.

Empatía funcional

No siempre desarrollará empatía profunda, pero sí puede aprender empatía práctica: entender cómo sus actos afectan a otros y actuar en consecuencia. Ronningstam (2011) llama a esto "empatía compensatoria".

¿QUÉ ASPECTOS NO CAMBIAN?

Hay límites estructurales.

La necesidad de validación externa

Puede disminuir, pero no desaparecer. El narcisista siempre tendrá un yo frágil. Kohut (1971) explica que esta necesidad es parte del déficit estructural del self.

La dificultad con la intimidad

Puede mejorar, pero seguirá siendo un desafío. La vulnerabilidad nunca será natural para él. Kernberg (2016) señala que la intimidad emocional requiere un nivel de integración del yo que el narcisista rara vez alcanza por completo.

La tendencia a las defensas

Proyección, negación, racionalización... Estas defensas no desaparecen; se vuelven más manejables. Millon (2011) afirma que las defensas narcisistas son crónicas, aunque pueden suavizarse.

LA PREGUNTA FINAL: ¿VALE LA PENA ESPERAR EL CAMBIO?

La respuesta no es universal. Depende de:

- el nivel de daño
- la disposición del narcisista
- la capacidad del otro para poner límites
- el contexto emocional

Pero una cosa es clara: el cambio del narcisista no puede ser la misión del otro. No puede ser un proyecto de pareja. No puede ser un sacrificio personal. La literatura clínica es contundente: el cambio, si ocurre, debe nacer desde dentro (Ronningstam, 2016).

CAPÍTULO ONCE

DESDE LA PERSPECTIVA BÍBLICA: ¿PUEDE CAMBIAR EL NARCISISTA?

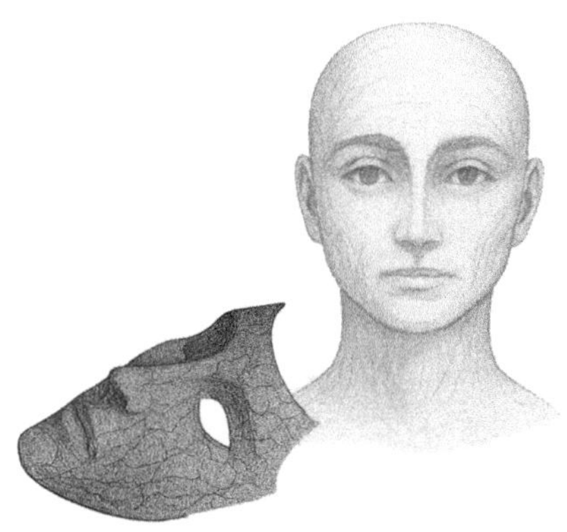

La Biblia no utiliza el término "narcisista", pero describe con sorprendente precisión las actitudes que hoy asociamos con esta estructura de personalidad: orgullo, dureza de corazón, amor propio desordenado, incapacidad para escuchar corrección, búsqueda de gloria personal, manipulación, mentira, falta de empatía y resistencia al arrepentimiento. Los estudios bíblicos señalan que estas actitudes corresponden al patrón del "corazón endurecido", una condición espiritual caracterizada por la resistencia a la verdad y la autoexaltación, un tema ampliamente desarrollado por Brueggemann (1997) en su análisis del Antiguo Testamento.

Sin embargo, también presenta una verdad que trasciende cualquier diagnóstico psicológico: ningún corazón está fuera del alcance de Dios. Pero —y aquí está la clave— la transformación solo ocurre cuando la persona permite que el Espíritu Santo toque su herida más profunda. Autores de psicología cristiana como Larry Crabb (1991) y Dan Allender (2006) coinciden en que la sanidad espiritual requiere confrontar la vergüenza y el falso yo, algo que el narcisista evita por naturaleza debido a su estructura defensiva.

Este capítulo explora esa intersección entre psicología y espiritualidad, entre la herida emocional y la sanidad divina.

EL NARCISISMO COMO UN CORAZÓN ENDURECIDO

En términos bíblicos, el narcisismo se parece a lo que la Escritura llama:

- "corazón de piedra" (Ezequiel 36:26)
- "altivez de espíritu" (Proverbios 16:18)
- "ceguera espiritual" (2 Corintios 4:4)
- "amadores de sí mismos" (2 Timoteo 3:2)

El narcisista no solo está herido: está endurecido. Y ese endurecimiento no es solo emocional, sino espiritual. Teólogos como John Piper (2013) explican que el orgullo es la raíz de la resistencia humana a Dios, una descripción que coincide con la estructura defensiva del narcisista, quien teme exponerse a la verdad.

La Biblia enseña que un corazón endurecido no puede cambiar por sí mismo. No quiere ver, no quiere reconocer su pecado, no quiere rendirse. Esto coincide con la psicología: el narcisista evita la vulnerabilidad porque teme que su mundo interno se derrumbe, tal como describe Allender (2006) en su trabajo sobre la vergüenza y la identidad fragmentada.

EL ESPÍRITU SANTO: EL ÚNICO CAPAZ DE ROMPER EL CORAZÓN DE PIEDRA

La transformación bíblica no es un esfuerzo humano, sino una obra divina. Ezequiel 36:26–27 lo expresa con una claridad que parece escrita para este tema:

> *"Quitaré de ustedes el corazón de piedra y les daré un corazón de carne. Pondré dentro de ustedes mi Espíritu..."*

Estudiosos del Antiguo Testamento como Longman y Garland (2008) señalan que este pasaje describe una renovación espiritual radical, no un simple cambio moral o conductual.

¿Qué implica esto para el narcisista?

- Que su dureza no es definitiva.
- Que su vacío puede ser llenado.
- Que su vergüenza puede ser sanada.
- Que su identidad puede ser restaurada.
- Que su orgullo puede ser rendido.
- Que su corazón puede volver a sentir.

Pero solo si permite que Dios entre en su herida primaria. La psicología pastoral afirma que la verdadera transformación ocurre cuando la persona se expone a la verdad de Dios y permite que esa verdad confronte su falso yo, un proceso descrito por Collins (2007) como esencial para la sanidad emocional y espiritual.

EL ARREPENTIMIENTO: EL PUENTE QUE EL NARCISISTA NO PUEDE CRUZAR SOLO

El arrepentimiento bíblico no es culpa ni remordimiento. Es un cambio de dirección, un reconocimiento de la verdad, una rendición del yo. N. T. Wright (2012) explica que el arrepentimiento implica abandonar la autoexaltación para abrazar la verdad de Dios, lo cual es especialmente difícil para quienes han construido su identidad sobre la negación de su fragilidad.

Para el narcisista, esto es casi imposible sin intervención divina, porque:

- su estructura defensiva evita la vulnerabilidad
- su vergüenza interna es intolerable
- su identidad depende de no reconocer fallas
- su orgullo lo protege del dolor

Por eso la Biblia enseña que el arrepentimiento es un regalo de Dios (2 Timoteo 2:25). La psicología cristiana coincide: la capacidad de reconocer el pecado y asumir responsabilidad es una obra espiritual, no solo emocional (Crabb, 1991).

El narcisista puede cambiar, sí, pero no por fuerza de voluntad: por obra del Espíritu Santo.

LA SANIDAD INTERIOR: DIOS TRABAJA DONDE LA PSICOLOGÍA NO PUEDE LLEGAR

La herida primaria del narcisista —no haber sido visto, amado o validado en su autenticidad— es una herida del alma. Allender (2006) describe esta herida como una fractura profunda que requiere intervención divina para ser restaurada, pues la psicología por sí sola no puede llegar al nivel espiritual donde se formó el daño.

La sanidad interior implica:

- permitir que Dios revele la verdad
- enfrentar la vergüenza con Su amor
- renunciar al falso yo
- recibir identidad como hijo
- dejar que el amor de Dios reemplace la necesidad de admiración
- permitir que la gracia suavice el corazón endurecido

Es un proceso profundo, lento y a veces doloroso, pero transformador. Dallas Willard (2002) afirma que la formación espiritual es un proceso de rendición continua donde el Espíritu Santo reordena el corazón y reconstruye la identidad desde adentro.

SEÑALES DE UNA TRANSFORMACIÓN REAL

La Biblia enseña que el fruto revela el árbol. Un narcisista tocado por Dios no se vuelve perfecto, pero sí muestra cambios visibles:

- humildad creciente
- capacidad de pedir perdón sin excusas
- sensibilidad al dolor ajeno
- renuncia a la manipulación
- deseo de reparar el daño

- apertura a la corrección
- búsqueda de verdad por encima de la autoimagen
- dependencia de Dios en lugar de autoidolatría

Estos cambios no se pueden fingir por mucho tiempo. Son fruto del Espíritu, no de la voluntad humana. Willard (2002) y Piper (2013) coinciden en que la verdadera transformación produce frutos visibles y sostenibles, no solo modificaciones superficiales.

¿TODOS CAMBIAN?

La Biblia es clara: Dios puede cambiar a cualquiera, pero no todos se dejan cambiar. Jesús encontró personas con corazones tan endurecidos que ni los milagros los transformaron.

El narcisista puede cambiar, pero:

- Debe rendirse.
- Debe permitir que Dios toque su herida.
- Debe renunciar a su orgullo.
- Debe aceptar la verdad sobre sí mismo.

Y eso es un milagro. La teología cristiana enseña que la resistencia humana puede bloquear la obra del Espíritu, no por falta de poder divino, sino por falta de rendición (Wright, 2012).

LA ESPERANZA REALISTA

La esperanza bíblica no es ingenua. No promete que todos cambiarán. No invita a soportar abuso esperando un milagro.

La esperanza bíblica dice:

- Dios puede transformar cualquier corazón.
- Pero el cambio es entre Dios y la persona, no responsabilidad del otro.
- Amar no significa tolerar destrucción.
- Perdonar no significa permanecer en vínculos dañinos.
- La sanidad del narcisista no puede ser la misión de su pareja.

El cambio, si ocurre, es obra de Dios. Y la libertad del otro también es obra de Dios.

CAPÍTULO DOCE

EL PAPEL DE LA IGLESIA FRENTE AL NARCISISMO

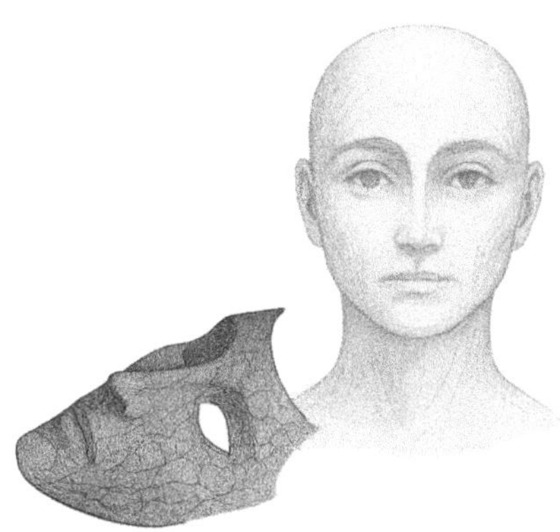

La iglesia es un lugar donde conviven la fragilidad humana y la gracia divina. Es un espacio donde los heridos encuentran consuelo, donde los pecadores encuentran perdón y donde los corazones endurecidos pueden ser transformados. Pero también es un lugar donde las dinámicas humanas —incluyendo las más complejas, como el narcisismo— se manifiestan con fuerza. Diane Langberg (2015), una de las principales expertas en abuso espiritual, afirma que la iglesia es un lugar donde el poder puede sanar o destruir, dependiendo de cómo se ejerza.

El narcisismo no es solo un fenómeno psicológico; también tiene implicaciones espirituales profundas. Y la iglesia, como comunidad de fe, tiene la responsabilidad de discernir, acompañar, corregir y proteger. Este capítulo explora cómo hacerlo con sabiduría, amor y verdad.

LA IGLESIA: HOSPITAL PARA EL ALMA, NO SANTUARIO DEL EGO

La iglesia está llamada a ser un hospital espiritual, no un escenario donde el ego se exalta. Henri Nouwen (1989) describe la comunidad cristiana como un espacio donde la vulnerabilidad y la verdad deben reemplazar la autoexaltación.

Sin embargo, el narcisista puede encontrar en la comunidad cristiana un terreno fértil para:

- buscar admiración,
- obtener influencia,
- evitar la confrontación,
- usar lenguaje espiritual para justificar conductas,
- manipular emocionalmente a otros.

Por eso, la iglesia debe ser un lugar de gracia, sí, pero también de discernimiento. Como señala Collins (2007), la gracia no es permisividad y el amor no es ingenuidad.

EL NARCISISTA DENTRO DE LA COMUNIDAD DE FE

El narcisista puede integrarse en la iglesia de dos maneras principales:

Como líder

Aquí es donde más daño puede causar. Su carisma, su aparente seguridad y su habilidad para inspirar pueden abrirle puertas rápidamente. Chuck DeGroat (2020) advierte que el narcisismo pastoral es una de las crisis más serias de la iglesia contemporánea, precisamente porque se disfraza de espiritualidad.

Pero sin supervisión y sin formación espiritual profunda, puede:

- Manipular a los miembros.
- Crear dependencia emocional.
- Dividir la congregación.
- Usar la Biblia para justificar su conducta.
- Confundir autoridad espiritual con control personal.

Como miembro

Incluso sin liderazgo formal, puede:

- absorber la atención
- victimizarse

- generar conflictos
- resistir la corrección
- buscar validación constante

La iglesia debe reconocer estas dinámicas sin demonizar a la persona. Eugene Peterson (1992) recuerda que la iglesia es un lugar donde conviven santos y heridos, pero también donde se deben confrontar las distorsiones del carácter.

LA RESPONSABILIDAD PASTORAL: DISCERNIR MÁS ALLÁ DE LA APARIENCIA

Los líderes espirituales están llamados a discernir el corazón, no solo la conducta externa.

El desafío pastoral

El narcisista puede parecer:

- Muy espiritual.
- Muy comprometido.
- Muy servicial.
- Muy elocuente en oración.
- Muy conocedor de la Biblia.

Pero la pregunta clave es: ¿Hay fruto? ¿Hay humildad, mansedumbre, arrepentimiento, amor sacrificial? Bonhoeffer (1954) advierte que la piedad aparente puede convertirse en una máscara que oculta un corazón no transformado.

La necesidad de límites

La iglesia debe establecer límites claros:

- supervisión pastoral
- procesos de rendición de cuentas
- formación en carácter
- evitar ascensos rápidos al liderazgo
- Acompañamiento espiritual continuo

La gracia no elimina la responsabilidad. Friedman (1985) señala que los sistemas emocionales saludables requieren límites firmes para evitar que personalidades dominantes tomen control.

LA VERDAD EN AMOR: CONFRONTAR SIN HUMILLAR

La Biblia enseña que la verdad debe hablarse en amor (Efesios 4:15). El narcisista necesita verdad, pero dicha con sabiduría.

Cómo confrontar bíblicamente

- Sin humillar, y sin atacar.
- Sin exponer públicamente.
- Sin caer en la manipulación inversa.

La confrontación debe ser:

- firme
- clara
- compasiva
- consistente
- respaldada por varios líderes

Langberg (2015) enfatiza que la confrontación espiritual debe proteger tanto a la víctima como al agresor, evitando dinámicas de poder abusivas.

La resistencia al cambio

El narcisista puede reaccionar con:

- ira
- victimización
- distorsión de la narrativa
- manipulación espiritual

Por eso, la confrontación debe hacerse en equipo, nunca en solitario. DeGroat (2020) señala que el narcisista rara vez responde bien a la corrección individual, pero sí puede ser frenado por estructuras comunitarias saludables.

LA IGLESIA COMO ESPACIO DE SANIDAD INTERIOR

El narcisista no solo necesita corrección; necesita sanidad profunda.

El rol del Espíritu Santo

Solo el Espíritu puede:

- quebrar el corazón endurecido
- revelar la herida primaria
- sanar la vergüenza
- restaurar la identidad
- producir arrepentimiento genuino

La iglesia acompaña, pero Dios transforma. Willard (2002) explica que la formación espiritual es un proceso donde el Espíritu reordena el corazón desde adentro hacia afuera.

Procesos de sanidad

- oración guiada
- consejería pastoral
- acompañamiento espiritual
- grupos de apoyo
- enseñanza sobre identidad en Cristo

No es un proceso rápido. No es lineal. No es garantizado.

Pero es posible. Collins (2007) afirma que la sanidad emocional y espiritual requiere tiempo, verdad y comunidad.

PROTEGER A LA CONGREGACIÓN: UN ACTO DE AMOR

La iglesia no solo debe cuidar al narcisista; debe cuidar a quienes pueden ser heridos por él.

Señales de alerta

- manipulación emocional
- abuso espiritual
- control disfrazado de autoridad
- favoritismos
- aislamiento de miembros vulnerables

Medidas de protección

- límites claros
- supervisión pastoral
- transparencia
- procesos de disciplina bíblica cuando sea necesario

Proteger a la congregación también es un acto de amor hacia el narcisista, porque evita que siga dañando y dañándose. Langberg (2015) subraya que la protección de la comunidad es parte esencial del liderazgo cristiano saludable.

LA TENSIÓN ENTRE ESPERANZA Y REALISMO

La iglesia debe sostener dos verdades simultáneas:

Esperanza

Dios puede transformar cualquier corazón. Incluso el más endurecido. Incluso el más herido. Incluso el más orgulloso.

Realismo

No todos se dejan transformar. No todos se rinden. No todos aceptan la verdad. Wright (2012) recuerda que la gracia no anula la libertad humana: cada persona decide si se abre o no a la obra de Dios.

La iglesia no puede cargar con la responsabilidad del cambio. Solo puede ofrecer el camino.

CAPÍTULO TRECE

EL ABUSO ESPIRITUAL Y EL NARCISISMO "SANTO"

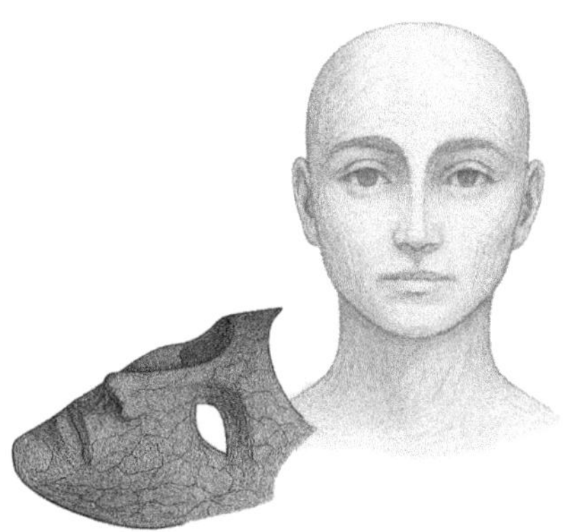

El narcisismo puede disfrazarse de muchas formas, pero ninguna es tan peligrosa como cuando se reviste de espiritualidad. En contextos religiosos, la fe puede convertirse —sin intención consciente— en un escenario donde el ego se exalta, donde la autoridad se distorsiona y donde la vulnerabilidad de otros se explota en nombre de Dios. Diane Langberg (2015), una de las principales expertas en trauma espiritual, afirma que el abuso religioso es especialmente devastador porque "usa el nombre de Dios para herir", lo que distorsiona la imagen divina y confunde la conciencia de la víctima.

A esta dinámica la llamamos narcisismo santo: una forma de narcisismo que utiliza lenguaje espiritual, versículos bíblicos y símbolos de fe para justificar conductas que, lejos de reflejar el carácter de Cristo, lo contradicen. Chuck DeGroat (2020) describe este fenómeno como "narcisismo revestido de piedad", una máscara que oculta un corazón no transformado.

Este capítulo aborda cómo se manifiesta, cómo hiere y cómo la iglesia puede discernirlo y enfrentarlo con verdad y amor.

¿QUÉ ES EL NARCISISMO "SANTO"?

El narcisismo santo no es santidad. Es narcisismo disfrazado de espiritualidad. Scot McKnight y Laura Barringer (2020) explican que las culturas eclesiales tóxicas suelen surgir cuando líderes o miembros utilizan la espiritualidad para proteger su imagen y controlar a otros.

Se manifiesta cuando una persona:

- Usa la Biblia para validar su superioridad.
- Se presenta como "más ungida" o "más madura".
- Exige obediencia absoluta,
- Interpreta desacuerdos como rebeldía.
- Confunde autoridad con control.
- Usa el nombre de Dios para imponer su voluntad.

El narcisista santo no busca servir: busca ser servido. No busca glorificar a Dios: busca glorificarse a sí mismo.

EL ABUSO ESPIRITUAL: CUANDO LA FE SE CONVIERTE EN HERRAMIENTA DE CONTROL

El abuso espiritual ocurre cuando alguien utiliza su posición, su conocimiento bíblico o su autoridad religiosa para manipular, dominar o someter a otros. Wade Mullen (2019), investigador de dinámicas de poder en iglesias, señala que el abuso espiritual se caracteriza por "la manipulación de la percepción de la víctima para controlar su comportamiento".

Señales de abuso espiritual

- "Dios me dijo que tú debes..."
- "Si no haces esto, estás desobedeciendo al Señor."
- "Yo soy tu cobertura espiritual."
- "No cuestiones lo que digo; cuestionas a Dios."
- "Tu dolor es falta de fe."
- "Si te alejas, estás fuera de la voluntad de Dios."

Estas frases no son guía espiritual: son control emocional.

El impacto en la víctima

La persona abusada espiritualmente experimenta:

- Culpa religiosa,

- Miedo a desobedecer a Dios,
- Confusión espiritual,
- Pérdida de identidad,
- Dependencia emocional del líder,
- Incapacidad para discernir la voz de Dios de la voz del abusador.

Langberg (2015) afirma que el abuso espiritual es devastador porque "hiere el alma", afectando la relación de la víctima con Dios, consigo misma y con la comunidad.

CÓMO EL NARCISISTA USA LA ESPIRITUALIDAD PARA BLINDAR SU EGO

El narcisista santo no busca a Dios para transformarse, sino para proteger su imagen.

3.1 La Biblia como escudo

Usa versículos para:

- Evitar la corrección.
- Justificar su conducta.
- Exigir sumisión.
- Manipular emociones.
- Silenciar cuestionamientos.

MULLEN (2019) EXPLICA QUE LOS ABUSADORES ESPIRITUALES manipulan el lenguaje religioso para crear una "realidad alternativa" donde ellos siempre tienen la razón.

La humildad performativa

Puede parecer humilde, pero es una humildad teatral:

- "Todo es para la gloria de Dios" (pero exige reconocimiento).
- "Soy un siervo" (pero no tolera límites).
- "Dios me usa" (pero no acepta corrección humana).

Ruth Haley Barton (2018) señala que la falsa humildad es una señal de un liderazgo desconectado de la verdadera formación espiritual.

La humildad verdadera se somete; la falsa se exhibe.

EL NARCISISTA EN EL LIDERAZGO ESPIRITUAL

Cuando un narcisista ocupa un rol de liderazgo, el riesgo se multiplica.

Señales de un líder narcisista

- No rinde cuentas
- No acepta corrección
- Exige lealtad personal

- Se rodea de admiradores
- Castiga el desacuerdo
- Espiritualiza sus decisiones
- Se apropia del púlpito
- Confunde su voz con la voz de Dios

DeGroat (2020) afirma que el narcisismo pastoral crea "culturas de miedo y silencio" donde la comunidad pierde su capacidad de discernir.

El daño que causa

- Congregaciones divididas
- Miembros heridos
- Manipulación emocional
- Abuso de autoridad
- Pérdida de fe en algunos creyentes
- Confusión espiritual profunda

McKnight y Barringer (2020) documentan cómo los sistemas eclesiales abusivos producen trauma espiritual y pérdida de confianza en la fe.

El narcisista santo no edifica el cuerpo de Cristo: lo hiere.

EL NARCISISMO SANTO EN RELACIONES PERSONALES

No solo ocurre en líderes. También aparece en parejas, padres, amigos o consejeros cristianos.

Frases típicas

- "Dios me mostró que tú estás mal."
- "Yo tengo más discernimiento que tú."
- "Si me cuestionas, cuestionas la voluntad de Dios."
- "Tu dolor es falta de fe."
- "Dios te puso en mi vida para que me sigas."

Aquí, la espiritualidad se convierte en un arma emocional. Collins (2007) advierte que el uso de la fe para controlar relaciones personales es una forma de abuso psicológico y espiritual.

¿POR QUÉ ES TAN DIFÍCIL DETECTARLO?

Porque parece espiritual. Porque usa lenguaje bíblico. Porque se presenta como "ungido", "maduro", "profético".

Y porque la iglesia, por amor, a veces confunde:

- Gracia con permisividad
- Paciencia con tolerancia
- Autoridad con control

- Unción con carisma
- Servicio con manipulación

El narcisismo santo prospera donde no hay discernimiento. Nouwen (1989) advierte que el liderazgo espiritual auténtico requiere vulnerabilidad, no poder; cuando esto se invierte, la comunidad se vuelve susceptible al abuso.

¿CÓMO DISCERNIRLO Y ENFRENTARLO?

La iglesia necesita tres cosas:

Verdad

La verdad expone la manipulación. La verdad rompe el control. La verdad libera. Langberg (2015) afirma que la verdad es el primer paso para desmantelar sistemas abusivos.

Límites

- Supervisión pastoral
- Rendición de cuentas
- Procesos de disciplina bíblica
- Protección de los vulnerables

DeGroat (2020) enfatiza que los límites son esenciales para frenar el narcisismo espiritual.

Espíritu Santo

Solo Él revela lo oculto. Solo Él quebranta el corazón endurecido. Solo Él sana a las víctimas.

LA ESPERANZA: DIOS NO TOLERA EL ABUSO ESPIRITUAL

La Biblia es clara: Dios confronta a los líderes que usan Su nombre para oprimir.

- Los fariseos.
- Los falsos profetas.
- Los pastores negligentes de Ezequiel 34.
- Los que "cargan pesadas cargas sobre otros" (Mateo 23).
- Los que "se enseñorean del rebaño" (1 Pedro 5:3).

Dios no es cómplice del narcisismo santo. Dios lo confronta. Dios lo expone. Dios lo juzga. Y Dios sana a los heridos.

CAPÍTULO CATORCE

CÓMO ACOMPAÑAR A LAS VÍCTIMAS DE ABUSO ESPIRITUAL

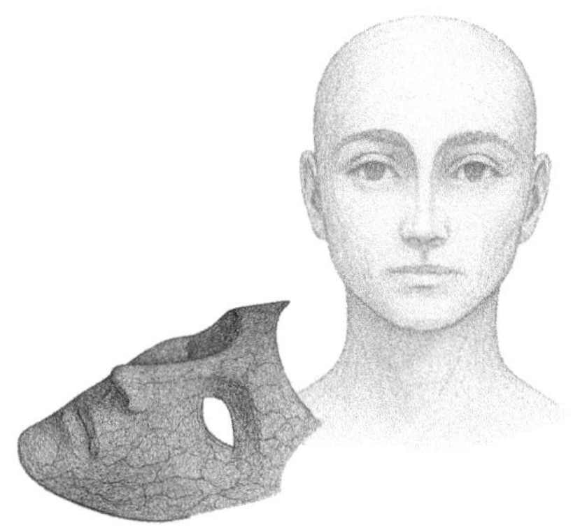

El abuso espiritual deja heridas profundas. No solo afecta la autoestima o la salud emocional: toca lo más sagrado, la relación con Dios. Diane Langberg (2015) explica que el abuso espiritual "hiere el alma", porque distorsiona la imagen de Dios y manipula la conciencia de la víctima.

Una persona que ha sido manipulada, controlada o humillada en nombre de la fe no solo pierde confianza en los demás; muchas veces pierde confianza en sí misma, en su discernimiento y, en ocasiones, en Dios. Wade Mullen (2019) señala que el abuso espiritual crea "una realidad distorsionada" donde la víctima aprende a dudar de su propia percepción.

Acompañar a una víctima de abuso espiritual es un acto de amor, de justicia y de restauración. Pero también es una tarea delicada que requiere sabiduría, paciencia y una comprensión profunda de lo que este tipo de abuso produce en el alma. Judith Herman (2015), experta en trauma, afirma que la recuperación comienza con seguridad, validación y restauración del sentido de agencia.

Este capítulo ofrece una guía clara, compasiva y práctica para quienes desean caminar junto a quienes han sido heridos por el narcisismo santo o por líderes espirituales abusivos.

RECONOCER LA HERIDA: VALIDACIÓN ANTES QUE CORRECCIÓN

La primera necesidad de una víctima de abuso espiritual es ser creída. El abuso espiritual suele ser invisible, sutil y difícil de explicar. Langberg (2015) enfatiza que muchas víctimas han sido silenciadas por sistemas religiosos que protegen al abusador.

Validar su experiencia

Frases que sanan:

- "Lo que viviste fue real."

- "No estás exagerando."
- "No fue tu culpa."
- "Dios no aprueba lo que te hicieron."

La validación rompe el aislamiento emocional que el abusador creó. Herman (2015) señala que la validación es el primer paso para restaurar la dignidad de la víctima.

Evitar minimizar

Nunca digas:

- "Todos los líderes son imperfectos."
- "Quizá malinterpretaste."
- "Perdona y sigue adelante."

Estas frases reactivan la herida. Mullen (2019) advierte que minimizar el abuso refuerza la narrativa del agresor.

RESTAURAR LA IMAGEN DE DIOS: SEPARAR A DIOS DEL ABUSADOR

El abuso espiritual distorsiona la imagen de Dios. La víctima suele confundir:

- la voz del abusador con la voz de Dios
- el control con autoridad
- la manipulación con guía espiritual
- el miedo con obediencia

Mostrar el verdadero carácter de Dios

Dios no manipula. Dios no controla. Dios no humilla. Dios no exige lealtad personal. Dios no castiga la duda honesta. Collins (2007) afirma que la consejería cristiana debe ayudar a la víctima a reencontrarse con un Dios seguro, compasivo y no coercitivo.

Reconciliar la fe con la libertad

Ayuda a la víctima a descubrir que:

- Dios no se enoja si ella piensa por sí misma,
- Dios no necesita intermediarios para hablarle,
- Dios no la controla, la guía con amor,
- Dios no la obliga a permanecer en relaciones dañinas.

En el estudio del trauma relacional y del abuso de poder —ya sea espiritual, emocional, institucional o interpersonal— es fundamental evitar generalizaciones que atribuyan la conducta abusiva a una religión, denominación o grupo específico. La evidencia clínica y sociológica demuestra que **las dinámicas de control, manipulación y coerción pueden manifestarse en cualquier sistema humano**, independientemente de su trasfondo religioso, cultural o ideológico. Aunque estamos haciendo referencia más al cristianismo, nos referimos a cualquier religión o culto religioso, en otras palabras, no se trata de "los cristianos evangélicos fundamentalistas" ni de una tradición en particular; se trata de **estructuras de poder disfuncionales** que pueden surgir en cualquier entorno donde exista vulnerabilidad, jerarquía y falta de rendición de cuentas.

Desde una perspectiva clínica, los patrones narcisistas, coercitivos o abusivos pueden aparecer en:

- comunidades religiosas de cualquier tradición
- entornos laborales
- dinámicas familiares
- grupos culturales o ideológicos
- relaciones de pareja
- y organizaciones sociales o comunitarias

Por lo tanto, el problema no es la fe en sí misma, sino **la distorsión de la autoridad y del vínculo humano** cuando se utiliza para controlar, someter o explotar a otros.

Desde una perspectiva pastoral, es igualmente importante afirmar que **no todas las iglesias, líderes o comunidades de fe son abusivas**. Existen congregaciones saludables, líderes íntegros y espacios espirituales que promueven la sanidad, la libertad y el crecimiento. Así como en cualquier ámbito social encontramos extremos —lo saludable y lo destructivo —, también ocurre dentro de la vida religiosa. Por eso, el discernimiento es esencial.

Un elemento crucial en el proceso de sanidad es aprender a **distinguir entre la fe genuina y las estructuras abusivas**. Muchas personas, tras haber experimentado dolor espiritual o manipulación religiosa, tienden a irse al extremo opuesto: rechazan toda forma de fe, autoridad o comunidad. Esta reacción es comprensible desde el punto de vista del trauma, pero no siempre conduce a la restauración. La sanidad profunda requiere **separar lo que proviene de Dios de lo que proviene de sistemas humanos distorsionados**.

No se trata de culpar a todos ni de invalidar la experiencia espiritual, sino de reconocer que:

- La fe auténtica puede coexistir con experiencias dolorosas.
- La espiritualidad no es sinónimo de abuso.
- Y la presencia de líderes dañinos no invalida la existencia de líderes sanos.

Por eso, identificar estas dinámicas —sin demonizar a grupos completos ni idealizar a otros— es un paso esencial para evitar repetir patrones, protegerse de ambientes manipuladores y reconstruir una relación saludable con Dios, con uno mismo y con la comunidad.

En resumen, la meta no es promover desconfianza hacia la fe, sino **promover discernimiento**, para que cada persona pueda reconocer dónde hay vida y dónde hay opresión, dónde hay verdad y dónde hay distorsión, dónde hay sanidad y dónde hay daño. Esta claridad es indispensable para avanzar hacia una espiritualidad madura, libre y profundamente restauradora.

ACOMPAÑAR EL DUELO: NO SOLO PERDIÓ UNA RELACIÓN, PERDIÓ UN MUNDO

Salir de un entorno espiritual abusivo implica un duelo complejo. Herman (2015) describe este proceso como "la pérdida de un sistema de significado".

¿Qué se pierde?

- la comunidad,
- la identidad espiritual,
- la confianza en líderes,
- la sensación de pertenencia,
- la seguridad emocional,
- la visión de Dios que tenía.

Permitir el proceso

La víctima puede experimentar:

- ira
- tristeza
- confusión
- culpa
- miedo
- nostalgia
- incredulidad

No hay prisa. No hay un "deberías estar mejor". El duelo espiritual es profundo. Bessel van der Kolk (2014) señala que el trauma religioso afecta el cuerpo, la memoria y la identidad, por lo que la recuperación es gradual.

RESTAURAR LA AUTONOMÍA: DEVOLVER LA VOZ QUE LE FUE QUITADA

El abuso espiritual destruye la capacidad de decidir. La víctima aprende a depender del abusador para:

- interpretar la Biblia
- tomar decisiones
- discernir la voluntad de Dios
- evaluar sus emociones

Ayudarla a recuperar su voz

- "¿Qué piensas tú?"
- "¿Qué sientes tú?"
- "¿Qué deseas tú?"
- "¿Qué crees que Dios te está mostrando a ti?"

Estas preguntas devuelven agencia. Herman (2015) afirma que la recuperación del trauma implica restaurar la autonomía y la capacidad de decisión.

Enseñar límites sanos

La víctima necesita aprender que:

- puede decir no
- puede poner distancia
- puede cuestionar
- puede cambiar de iglesia
- puede protegerse sin sentirse culpable

DeGroat (2020) explica que los sobrevivientes de abuso espiritual deben reaprender el uso saludable de los límites.

ACOMPAÑAR SIN CONTROLAR: NO REEMPLAZAR AL ABUSADOR

El acompañante debe evitar convertirse en una nueva figura de autoridad rígida.

No imponer

- No digas "debes hacer esto".
- No digas "Dios quiere que..."
- No digas "si no haces esto, te equivocas".

Ser guía, no dueño

El acompañamiento sano:

- escucha

- orienta
- sugiere
- ilumina
- acompaña

Nunca controla. Collins (2007) advierte que el acompañamiento pastoral debe evitar dinámicas de dependencia.

SANAR LA RELACIÓN CON LA BIBLIA

La Biblia fue usada como arma. Ahora debe ser restaurada como fuente de vida.

Lectura sin miedo

Invita a la víctima a leer la Biblia:

- sin presión
- sin culpa
- sin interpretaciones impuestas
- sin miedo a equivocarse

Descubrir al Dios de la gracia

Ayúdala a encontrar textos que revelen:

- la compasión de Jesús
- la mansedumbre del Espíritu
- la justicia de Dios

- la dignidad humana
- la libertad en Cristo

Barton (2018) señala que la Escritura debe ser un espacio de encuentro con Dios, no un instrumento de control.

ACOMPAÑAR LA RECONSTRUCCIÓN DE LA COMUNIDAD

La víctima necesita volver a confiar en personas y en la iglesia, pero a su ritmo.

No apresurar la reintegración

No digas:

- "Debes volver a congregarte ya."
- "No te aísles."
- "La iglesia no es perfecta."

La confianza no se impone.

Ayudarla a encontrar espacios seguros

- comunidades sanas
- líderes humildes
- grupos pequeños
- relaciones auténticas

La sanidad ocurre en comunidad, pero en una comunidad sana. McKnight y Barringer (2020) explican que las comunidades saludables se caracterizan por la humildad, la transparencia y la protección de los vulnerables.

RECORDAR QUE LA SANIDAD ES UN PROCESO

La recuperación no es lineal. Habrá avances y retrocesos.

Acompañar con paciencia

- no presionar
- no juzgar
- no comparar
- no minimizar

Celebrar cada paso

- una oración sincera
- una decisión autónoma,
- un límite puesto
- una mentira desmontada
- una verdad abrazada

Cada paso es un milagro.

LA ESPERANZA FINAL: DIOS RESTAURA LO QUE EL ABUSO DESTRUYÓ

El abuso espiritual hiere profundamente, pero no tiene la última palabra. Langberg (2015) afirma que Dios se identifica con los heridos y confronta a quienes usan Su nombre para oprimir.

Dios es experto en:

- sanar corazones rotos
- restaurar identidades
- reconstruir la fe
- liberar de la culpa
- devolver la dignidad
- enderezar lo torcido

La víctima no está sola. Dios camina con ella. Y la iglesia —cuando actúa con amor, verdad y humildad— puede ser un instrumento de esa restauración.

CONCLUSIÓN

RESTAURACIÓN, VERDAD Y LIBERTAD: UN CAMINO POSIBLE PARA TODOS

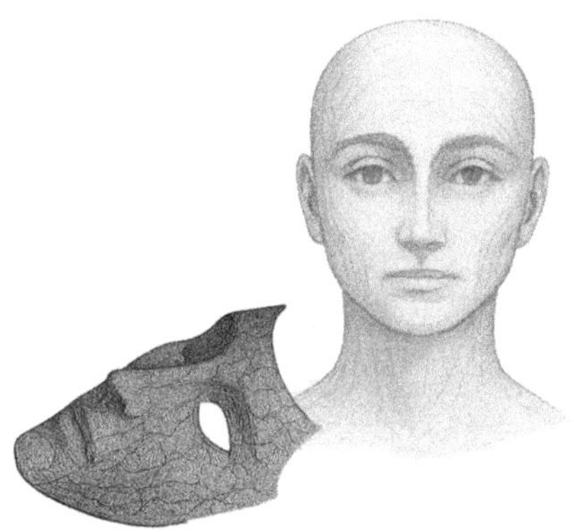

El recorrido por este libro nos ha llevado a través de las sombras del narcisismo, las heridas del abuso espiritual y la esperanza de la restauración. Hemos visto cómo el narcisismo puede destruir relaciones, distorsionar la fe y herir profundamente el alma. Pero también hemos visto que **la verdad, la gracia y la sanidad son más fuertes que cualquier herida**.

Desde la psicología clínica, autores como **Judith Herman (2015)** han demostrado que la recuperación del trauma requiere tres pilares: *seguridad, memoria y reconexión*. Estos mismos pilares se aplican al trauma espiritual: la víctima necesita un espacio seguro, necesita comprender su historia y necesita reconstruir su relación con Dios, consigo misma y con los demás.

Desde la teología pastoral, **Diane Langberg (2015)** recuerda que "toda forma de abuso es una distorsión del carácter de Dios", y por eso la sanidad espiritual implica reencontrarse con el Dios verdadero, no con el dios que el abusador presentó.

Y desde la neurociencia del trauma, **Bessel van der Kolk (2014)** explica que el trauma no solo afecta la mente: afecta el cuerpo, la memoria, la identidad y la capacidad de confiar. Por eso la sanidad es un proceso integral, lento, profundo… pero posible.

TODOS LLEVAMOS ALGO DE NARCISISMO... Y TODOS PODEMOS MADURAR MÁS ALLÁ DE ÉL

Una verdad fundamental que debemos reconocer —con honestidad y humildad— es que **todos, en algún momento de nuestra vida, hemos desarrollado rasgos narcisistas**. No porque seamos malos, sino porque:

- Todos hemos buscado validación.
- Todos hemos evitado la vulnerabilidad.
- Todos hemos querido tener la razón.
- Todos hemos temido ser vistos en nuestra fragilidad.

La psicología del desarrollo explica que el narcisismo **forma parte del crecimiento humano temprano.** Autores como **Kohut (1971)** y **Winnicott (1965)** enseñan que el narcisismo infantil es normal y necesario, y que la madurez consiste en **integrar la vulnerabilidad, la empatía y la responsabilidad.**

En palabras de **Dan Allender (2006)**, la verdadera madurez espiritual ocurre cuando dejamos de proteger nuestro falso yo y permitimos que Dios toque nuestras heridas más profundas.

Por eso, aunque algunos desarrollan un narcisismo destructivo, **todos estamos llamados a madurar más allá de nuestros impulsos egocéntricos.** La diferencia no está en quién tiene rasgos narcisistas —porque todos los tenemos— sino en **quién está dispuesto a enfrentarlos, rendirlos y transformarlos.**

LA IGLESIA, LA PSICOLOGÍA Y LA GRACIA: UN CAMINO CONJUNTO

La psicología aporta herramientas para comprender el trauma. La teología aporta esperanza para la restauración. La comunidad aporta el espacio donde la sanidad se encarna.

Como afirma **Gary Collins (2007)**, la consejería cristiana es más efectiva cuando integra:

- verdad psicológica

- compasión pastoral
- y dependencia del Espíritu Santo

Y como recuerdan **McKnight y Barringer (2020)**, la iglesia sana es aquella que protege a los vulnerables, confronta el abuso y cultiva una cultura de bondad.

La restauración es posible... pero nunca es forzada

La recuperación del abuso espiritual no es lineal. No es rápida. No es perfecta.

Pero es real.

Herman (2015) afirma que "la recuperación es un proceso de empoderamiento", y esto es especialmente cierto en el trauma espiritual: la víctima debe recuperar su voz, su autonomía, su discernimiento y su relación con Dios.

Y aquí está la verdad más profunda:

Dios nunca abandona a los heridos. Dios nunca se alía con el abusador. Dios siempre está del lado de la verdad, la justicia y la restauración.

La Última Palabra es de Dios, No del Abuso

El abuso espiritual intenta robar tres cosas: **la voz, la identidad y la fe**. Pero ninguna de ellas está perdida para siempre.

PORQUE:

- Lo que el abuso quebró, Dios puede reconstruir.
- Lo que el miedo silenció, Dios puede despertar.
- Lo que la vergüenza ocultó, Dios puede iluminar.
- Lo que el narcisismo santo distorsionó, Dios puede enderezar.

Y aquí está la declaración final de este libro:

El abuso espiritual no define tu historia. El narcisismo no tiene la última palabra. La herida no es tu identidad. La verdad te pertenece. La libertad te espera. Y Dios —el Dios verdadero, no el dios del abusador— camina contigo hacia la restauración.

Este libro termina aquí... pero tu sanidad, tu libertad y tu nueva historia apenas comienzan.

ACERCA DEL AUTOR

EDNA L ISAAC

Nació en Aguadilla, Puerto Rico, y emigró a los Estados Unidos a los 16 años, estableciéndose en Massachusetts, donde ha construido una vida dedicada al servicio, la educación y la sanidad integral. Está casada desde hace 34 años con Francisco J. Isaac, con quien comparte una trayectoria de fe, liderazgo y compromiso comunitario. Juntos son padres de cuatro hijos, su mayor legado.

Es autora, educadora, consejera, editora y líder espiritual con más de veintiséis años de experiencia en contextos ministeriales, clínicos y educativos. Su labor se distingue por la integración única de una visión pastoral profunda, una sensibilidad humana excepcional y una formación académica rigurosa. Actualmente cursa una Maestría en Administración de Empresas (MBA) en Cambridge College, donde se destaca por su excelencia académica y liderazgo colaborativo.

Como CEO y Presidenta de JDN Corporation y JDN Publications / EDUCATE Publishing, ha desarrollado proyectos con impacto nacional e internacional. Fundadora y pastora asociada de Casa de Adoración (CDA House of Worship), ha liderado iniciativas comunitarias, educativas y espirituales, incluyendo la presidencia de la Asociación de Clérigos de Taunton por casi siete años y más de una década como profesora en instituciones teológicas.

Ha acompañado a individuos, familias y líderes en procesos de transformación emocional, espiritual y relacional. Su enfoque clínico-pastoral honra la dignidad humana y promueve identidades sanas y restauradas. Autora de más de dieciséis libros, su obra aborda temas como narcisismo, identidad, resiliencia y sanidad interior, ofreciendo lenguaje, claridad y esperanza donde antes hubo silencio y dolor.

Edna reside en Taunton, Massachusetts, desde donde continúa formando líderes, creando recursos y sirviendo a comunidades con un mensaje de fe, propósito y transformación.

ANATOMÍA DEL NARCISISMO

Del Niño Herido Al Ego Integrado

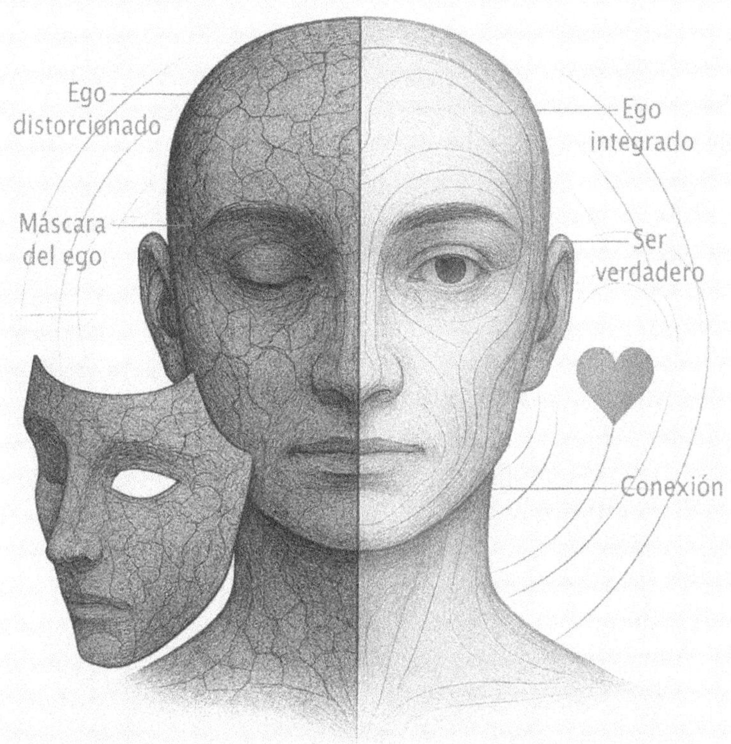

GUIA DE ESTUDIO

Para Uso Individual o en Pequeños Grupos

GUÍA DE ESTUDIO

PARA USO INDIVIDUAL O EN PEQUEÑOS GRUPOS

1. COMPRENDIENDO LA HERIDA PRIMARIA

Objetivo: Identificar cómo la infancia y la falta de validación emocional moldean la estructura narcisista.

Preguntas de reflexión

¿Qué frases de tu infancia marcaron tu forma de sentir o no sentir?

____

____

____

¿En qué momentos aprendiste que "sentir era peligroso" o "necesitar era vergonzoso"?

____

____

____

¿Puedes identificar un "espejo roto" en tu historia, como se describe en el libro?

____

____

____

¿Qué parte de tu niño interior aún busca protección?

____

____

____

Actividad práctica

Escribe una carta a tu niño interior respondiendo:

"No fue tu culpa. Lo que viviste fue real. Hoy te veo."

____

____

____

____

____

____

____

____

____

2. IDENTIFICANDO LOS TIPOS DE NARCISISMO

Objetivo: Reconocer patrones en uno mismo y en otros.

Preguntas de reflexión

¿Qué tipo de narcisismo aparece con más frecuencia en tus relaciones?

____

____

____

¿Has confundido vulnerabilidad con debilidad?

____

____

____

¿Qué máscaras emocionales usas para protegerte?

____

____

____

¿Qué dinámicas espirituales o relacionales te han confundido?

____

____

____

Actividad práctica

Haz una tabla con dos columnas: *"Lo que muestro"* y *"Lo que realmente siento"*

"Lo que muestro"	*"Lo que realmente siento"*

3. LAS HERIDAS INVISIBLES EN LA VÍCTIMA

Objetivo: Comprender el impacto emocional, espiritual y psicológico del abuso narcisista.

Preguntas de reflexión

¿Qué partes de tu identidad se erosionaron en relaciones pasadas?

____

____

____

¿Has vivido confusión mental, culpa o vergüenza inducida?

____

____

____

¿Qué frases de gaslighting aún resuenan en tu mente?

____

____

____

¿Qué te impidió irte antes?

____

____

____

Actividad práctica

Haz una lista de "mentiras que creí" y otra de "verdades que hoy abrazo".

____

____

____

____

____

____

____

____

____

____

____

4. SANIDAD INTEGRAL

Objetivo: Integrar mente, corazón, espíritu y límites.

Preguntas de reflexión

¿Qué parte de tu identidad estás recuperando?

____

____

____

¿Qué límites necesitas establecer hoy?

____

____

____

¿Qué emociones has evitado sentir?

____

____

____

¿Qué te dice Dios sobre tu valor y tu identidad?

____

____

Actividad práctica

Escribe un compromiso personal: *"Hoy elijo... Hoy renuncio a... Hoy abrazo..."*

5. NARCISISMO SANTO Y ABUSO ESPIRITUAL

Objetivo: Discernir entre fe genuina y manipulación espiritual.

Preguntas de reflexión

¿Has confundido la voz de un líder con la voz de Dios?

____

____

¿Qué enseñanzas te hicieron sentir miedo en lugar de libertad?

____

____

____

¿Qué parte de tu fe necesita ser restaurada?

____

____

____

¿Qué límites espirituales necesitas establecer?

____

____

____

Actividad práctica

Lee Ezequiel 34 y escribe:

"¿Qué me revela este texto sobre el corazón de Dios frente al abuso espiritual?"

____

____

____

6. RECONSTRUYENDO LA IDENTIDAD

Objetivo: Volver a la verdad, la libertad y la autenticidad.

Preguntas de reflexión

¿Quién eres sin tu herida?

____

____

____

¿Qué dones, talentos y valores estaban dormidos?

____

____

____

¿Qué relaciones necesitas sanar, cerrar o redefinir?

____

____

____

¿Qué significa para ti libertad emocional?

____

____

____

Actividad práctica

Escribe tu "Declaración de Identidad Restaurada".

____

____

____

ANATOMÍA
DEL
NARCISISMO

Del Niño Herido Al Ego Integrado

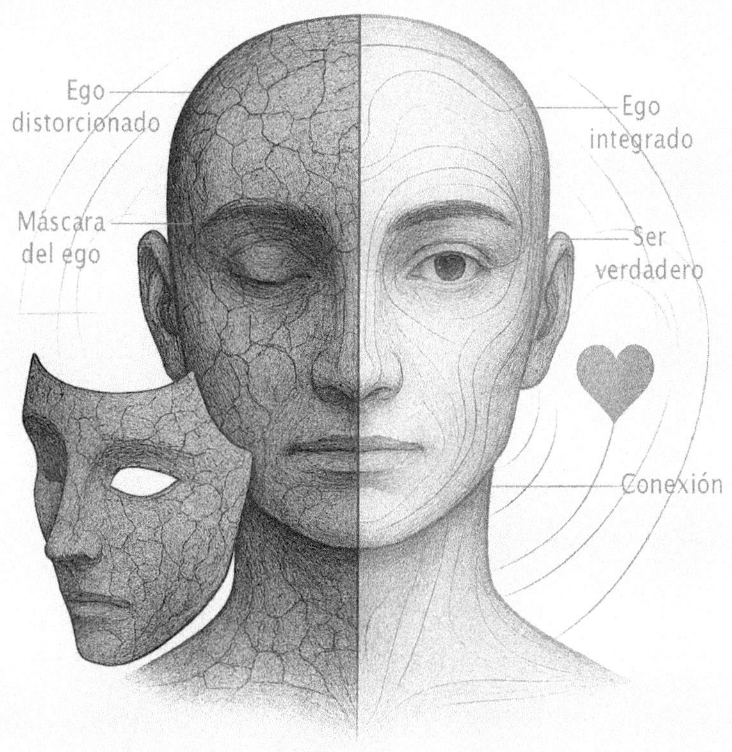

ASSESSMENT

INTEGRAL-ESPIRITUAL DEL NARCISISMO

Para Uso Individual o en Pequeños Grupos

ASSESSMENT INTEGRAL-ESPIRITUAL DEL NARCISISMO

Evaluación para identificar nivel, tipo predominante y recomendaciones de sanidad

Este assessment está diseñado para uso personal, pastoral o terapéutico. No diagnostica, pero orienta con precisión integral y espiritual.

Incluye 40 ítems divididos en 5 áreas:

1. Herida primaria y vergüenza
2. Defensas emocionales
3. Relaciones y empatía
4. Control, poder y manipulación
5. Dimensión espiritual

Cada ítem se responde con:

0 = Nunca | 1 = A veces | 2 = Frecuente | 3 = Casi siempre

A. Herida Primaria y Vergüenza (0–24 pts)

1. Me cuesta admitir que estoy herido.
2. Siento que no soy suficiente.

3. Me da miedo mostrar vulnerabilidad.
4. Me cuesta confiar en otros.
5. Me siento avergonzado cuando cometo errores.
6. Me desconecto de mis emociones cuando siento dolor.
7. Me cuesta pedir ayuda.
8. Siento que debo ser fuerte todo el tiempo.

B. Defensas Emocionales (0–24 pts)

9. Necesito tener la razón.
10. Me pongo a la defensiva con facilidad.
11. Me cuesta pedir perdón.
12. Me siento atacado cuando me corrigen.
13. Me retiro emocionalmente cuando me siento herido.
14. Me cuesta aceptar límites.
15. Me molesta sentir dependencia emocional.
16. Me cuesta reconocer mis fallas.

C. Relaciones y Empatía (0–24 pts)

17. Me cuesta sostener relaciones profundas.
18. Me siento incómodo con la intimidad emocional.
19. Me irrita cuando otros expresan emociones intensas.
20. A veces uso el silencio para evitar conflictos.
21. Me cuesta ponerme en el lugar del otro.
22. Me siento amenazado por la independencia de otros.
23. Me cuesta recibir críticas sin reaccionar.

24. A veces manipulo sin darme cuenta.

D. Control, Poder y Manipulación (0–24 pts)

25. Me gusta tener control sobre las situaciones.
26. Me incomoda cuando no tengo el control.
27. A veces uso la culpa para influir en otros.
28. Me cuesta aceptar un “no”.
29. A veces exagero mis logros.
30. Me molesta cuando otros no reconocen mi esfuerzo.
31. Me cuesta aceptar la responsabilidad por mis errores.
32. A veces distorsiono la realidad para evitar la culpa.

E. Dimensión Espiritual (0–24 pts)

33. Confundo espiritualidad con perfección.
34. Me cuesta aceptar la corrección espiritual.
35. A veces uso lenguaje espiritual para justificar mis decisiones.
36. Me siento superior espiritualmente a otros.
37. Me cuesta distinguir la voz de Dios de mis deseos.
38. Me siento culpable cuando no cumplo expectativas religiosas.
39. Me cuesta ver a Dios como un Padre tierno.
40. A veces uso la fe para evitar enfrentar mis emociones.

ANATOMÍA DEL NARCISISMO

Del Niño Herido Al Ego Integrado

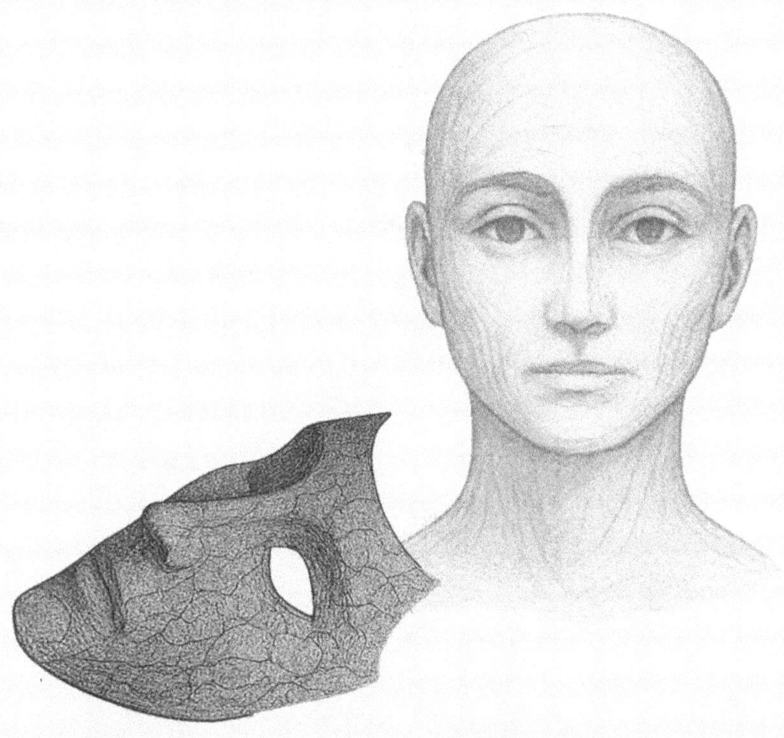

INTERPRETACIÓN

Y RECOMENDACIONES PERSONALIZADAS SEGÚN EL RESULTADO

INTERPRETACIÓN DE RESULTADOS

Interpretación del Resultado (0–120 puntos)

0–30 pts — Narcisismo leve / rasgos defensivos normales

Indica heridas emocionales manejables y un buen nivel de autoconciencia.

Recomendación: Comenzar a trabajar la dinámica de vulnerabilidad segura, iniciar el journaling emocional estructurado y establecer límites sanos.

31–60 pts — Narcisismo defensivo moderado

"Antes del narcisista adulto existe un niño que no fue visto."

Recomendación: *Comenzar un camino de reparenting emocional, integrando terapia y un acompañamiento espiritual seguro que afirme tu identidad y tu sanidad.*

61–90 pts — Narcisismo vulnerable o grandioso

Patrones más rígidos, dificultad con empatía, intimidad y regulación emocional.

Recomendación: *Iniciar terapia especializada, trabajar la confrontación empática y establecer límites firmes que protejan tu bienestar emocional.*

91–120 pts — Narcisismo intencional o espiritualizado

Uso de control, manipulación o espiritualidad para proteger el ego. Riesgo de abuso.

Recomendación: *Iniciar intervención profesional, sostener límites estrictos y contar con supervisión espiritual segura; si hay abuso, considerar separación como un acto de protección y dignidad personal.*

Recomendaciones Personalizadas Según el Resultado

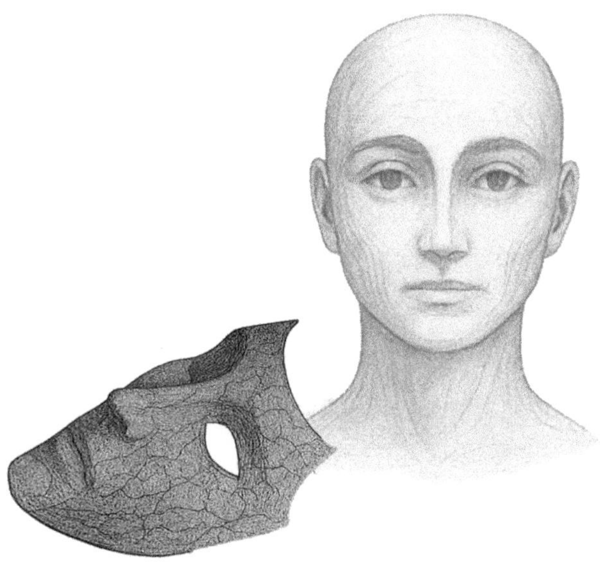

Puntaje Bajo (0–30 pts)

Rasgos defensivos leves, heridas manejables, buen nivel de autoconciencia.

1. Trabajar vulnerabilidad segura

La vulnerabilidad segura permite abrir el corazón sin exponerse al daño. Implica identificar personas confiables, practicar conversaciones honestas y permitir que otros vean emociones reales sin vergüenza. La meta es fortalecer la autenticidad sin perder protección emocional.

2. Practicar expresión emocional

Muchos en este rango aprendieron a ser fuertes, pero no a sentir. Se recomienda nombrar emociones diariamente, escribir antes de reaccionar, usar frases como "Me siento... porque...", y permitir emociones sin autocensura. La expresión emocional previene que el ego defensivo crezca.

3. Fortalecer identidad en Dios

Este grupo suele tener una identidad estable, pero necesita profundizarla. Se recomienda meditar en textos que revelen el carácter tierno de Dios, reemplazar creencias de insuficiencia por verdades espirituales y practicar oración contemplativa enfocada en pertenencia y amor.

Puntaje Medio (31–60 pts)

Narcisismo defensivo moderado. Heridas primarias activas. Dificultad con límites y vergüenza.

1. Sanar la herida primaria

Sanar implica reconocer experiencias de invalidación emocional, identificar mensajes internos como "no soy suficiente" y procesar memorias donde se aprendió a ocultar emociones. La sanidad comienza cuando el adulto reconoce al niño herido.

2. Reparenting emocional

Es aprender a ser el padre/madre que uno no tuvo. Incluye hablarse con compasión, validar emociones, establecer autocuidado y corregirse sin humillación. Reconstruye la base emocional.

3. Procesar vergüenza tóxica

La vergüenza tóxica es el núcleo del falso yo. Se recomienda identificar autoacusaciones, diferenciar culpa de vergüenza, trabajar con un terapeuta o mentor seguro y practicar confesión emocional sin miedo. La meta es reemplazar vergüenza por dignidad.

4. Aprender límites

Este grupo suele tener límites difusos o rígidos. Se trabaja decir "no" sin culpa, reconocer manipulación, establecer distancia con personas que activan heridas y practicar límites internos como "No me hablaré con dureza".

Puntaje Moderado (61–90 pts)

Narcisismo vulnerable o grandioso. Patrones rígidos. Dificultad con empatía, control y relaciones.

1. Terapia especializada

Aquí ya no basta la introspección. Se recomienda terapia enfocada en trauma de apego, regulación emocional, vergüenza tóxica y relaciones narcisistas. El objetivo es desmantelar defensas profundas sin colapsar la identidad.

2. Confrontación empática

Este grupo necesita confrontación amorosa, no agresiva. Implica nombrar patrones sin humillar, señalar impacto sin atacar e invitar al cambio sin condenar. La confrontación empática rompe la negación sin activar defensas extremas.

3. Trabajo profundo con vergüenza y control

El ego usa el control para evitar sentir vergüenza. Se trabaja identificar momentos de control, explorar emociones evitadas, practicar rendición emocional y reconocer que el control es una ilusión que impide intimidad. La meta es reemplazar control por conexión.

Puntaje Alto (91–120 pts)

Narcisismo espiritualizado, intencional o maligno. Riesgo de abuso emocional o espiritual.

1. Intervención profesional

Requiere acompañamiento clínico y pastoral especializado: terapia intensiva, evaluación de trauma complejo, supervisión espiritual y procesos de desprogramación si hubo abuso religioso.

2. Límites estrictos

Aquí los límites no son opcionales. Se recomienda cero tolerancia a manipulación, distancia emocional clara, evitar discusiones circulares y no justificar comportamientos abusivos.

3. Protección emocional y espiritual

Este grupo suele haber sido herido por narcisismo maligno o santo. Se trabaja restaurar la imagen de Dios, reconstruir identidad espiritual, desmontar culpa religiosa inducida y recuperar autonomía emocional.

4. Separación si hay abuso

Si hay abuso emocional, espiritual, psicológico o físico, la separación es un acto de sanidad. Implica salir de relaciones destructivas, abandonar comunidades abusivas y buscar apoyo seguro. Dios no es cómplice de abusadores. Separarse no es falta de perdón; es protección.

REFERENCIAS

Allender, D. B. (2006). *The wounded heart: Hope for adult victims of childhood sexual abuse.* NavPress.

American Psychiatric Association. (2022). *Diagnostic and statistical manual of mental disorders* (5.ª ed., texto rev.).

Attachment Project. (2025). *The 7 stages of trauma bonding.* https://attachmentproject.com

Bateman, A., & Fonagy, P. (2016). *Mentalization-based treatment for personality disorders.* Oxford University Press.

Bedard, M., Gabay, R., & Brenner, G. H. (2026). Tendency for interpersonal victimhood and narcissistic dynamics. *Personality and Individual Differences.*

Barton, R. H. (2018). *Strengthening the soul of your leadership.* InterVarsity Press.

Bonhoeffer, D. (1954). *Life together.* Harper & Row.

Caligor, E., & Petrini, M. J. (2025). Narcissistic personality disorder: Epidemiology, pathogenesis, clinical manifestations, course, assessment, and diagnosis. *UpToDate.*

Campbell, W. K., & Miller, J. D. (2011). *The handbook of narcissism and narcissistic personality disorder: Theoretical approaches, empirical findings, and treatments.* Wiley.

Collins, G. R. (2007). *Christian counseling: A comprehensive guide* (3.ª ed.). Thomas Nelson.

Day, A., et al. (2022). Psychological consequences of narcissistic abuse. *Journal of Emotional Abuse, 18*(2), 145–167.

DeGroat, C. (2020). *When narcissism comes to church: Healing your community from emotional and spiritual abuse.* InterVarsity Press.

Drescher, A. (2024). Narcissistic love bombing cycle: Idealize, devalue, discard. *Marriage.com.*

Drescher, A. (2025). Narcissistic hoovering: Signs & how to respond. *Simply Psychology*.

Effects of narcissistic abuse on victim mental health. (2024). *Doctoral dissertation*.

Foley, M. (2025). Hoovering: When narcissists try to pull you back in. *Psychology Today*.

Freyd, J. J. (2021). Betrayal trauma and relational abuse. *Journal of Trauma & Dissociation, 22*(4), 389–405.

Freyd, J. J., & Birrell, P. (2024). Betrayal trauma and attachment harm in intimate relationships. *Journal of Trauma & Dissociation*.

Greenberg, E. (2024). The truth about trauma bonding and narcissists. *Psychology Today*.

Herman, J. L. (2015). *Trauma and recovery*. Basic Books.

Herman, J. (2024). *Trauma and recovery in relational abuse*. Harvard University Press.

Huseyn Kizilalma, T. (2025). Trauma and the development of narcissistic personality disorder: Characteristics and treatment approach. *International Journal of Research and Review, 12*(2).

Kesman, E., De Amicis, M., Mucci, C., & Scalabrini, A. (2024). The vulnerability of shame for the narcissistic self: A systematic review. *Università degli Studi di Bergamo*.

Kernberg, O. F. (1975). *Borderline conditions and pathological narcissism*. Jason Aronson.

Kernberg, O. (2016). *Narcissism, aggression, and self-destructiveness in the psychotherapeutic relationship*. Yale University Press.

Kernberg, O. (2024). Narcissistic personality structures and defensive organization. *Journal of Contemporary Psychoanalysis*.

Kohut, H. (1971). *The analysis of the self*. International Universities Press.

Kohut, H. (1977). *The restoration of the self*. University of Chicago Press.

Langberg, D. (2015). *Suffering and the heart of God: How trauma destroys and Christ restores*. New Growth Press.

Levy, K. (2024). The internal emptiness of pathological narcissism: A clinical overview. *Clinical Psychology Review*.

McKnight, S., & Barringer, L. (2020). *A church called Tov: Forming a goodness culture that resists abuses of power and promotes healing*. Tyndale.

Meloni, V. (2025). The cycle of narcissistic abuse: A clinical perspective on psychological manipulation and control. *Inside Out Psychological Therapy.*

Millon, T. (2011). *Personality disorders in modern life* (2.ª ed.). Wiley.

Morrison, T. (1987). *Beloved.* Alfred A. Knopf.

Mullen, W. (2019). *Something's not right: Decoding the hidden tactics of abuse—and freeing yourself from its power.* Tyndale.

National Institutes of Health. (2023). *Personality disorders statistics and prevalence.* https://nih.gov

Nouwen, H. J. M. (1989). *In the name of Jesus: Reflections on Christian leadership.* Crossroad.

Pérez, L., & Gibson, N. (2023). Narcissism and spiritual manipulation in leadership. *Psychology of Religion and Spirituality, 15*(1), 45–59.

Peterson, E. H. (1992). *Under the unpredictable plant: An exploration in vocational holiness.* Eerdmans.

Pincus, A. L., & Lukowitsky, M. R. (2010). Pathological narcissism and narcissistic personality disorder. *Annual Review of Clinical Psychology, 6,* 421–446.

Psychology Today Staff. (2025). Trauma bonding. *Psychology Today.*

Rege, S. (2025). Childhood wounds that shape narcissism: A psychiatrist explains. *Psych Scene Hub.*

Ronningstam, E. (2011). Narcissistic personality disorder: A clinical perspective. *Journal of Psychiatric Practice, 17*(2), 89–99.

Ronningstam, E. (2016). *Identifying and understanding the narcissistic personality.* Oxford University Press.

Ronningstam, E. (2025). Identity instability and self-fragmentation in narcissistic personality. *Harvard Review of Psychiatry.*

Schmid, L. (2025). *The invisible wounds: Why narcissistic abuse has lasting effects.* Firefly Therapy Austin.

Schmid, L. (2025). Brain under siege: Narcissistic abuse and its lasting effects. *Interpersonal Neurobiology Review.*

Schoenleber, M., & Berenbaum, H. (2025). Emotional dysregulation and interpersonal instability in narcissistic traits. *Journal of Personality Disorders.*

Schore, A. N. (1991). Early superego development: The emergence of shame and narcissistic affect regulation. *Psychoanalysis and Contemporary Thought, 14*(2), 187–250.

Schore, A. (2012). Attachment theory and trauma. *Psychotraumatology.*

Shadid, J. (2025). The global epidemiology of personality disorder: A systematic review and meta-regression. *The Lancet Psychiatry, 12*(12), 932–946.

Singh, V. (2024). *The silent scars of narcissistic abuse: Quantitative insights and emerging therapies for victim recovery*. University of Delhi.

Stines, S. (2025). The impact of narcissistic abuse on emotional regulation and social functioning. *Clinical Journal of Emotional Trauma.*

The origins of narcissistic behavior. (2025). *MentalHealth.com.*

The link between childhood trauma and narcissism. (2025). *Journal of Personality Disorders.*

Tracy, J. L., & Robins, R. W. (2004). Putting the self into self-conscious emotions. *Psychological Inquiry, 15*(2), 103–125.

Trudeau, D. (2019). Understanding Dr. D. W. Winnicott's true self & false self theory. *Depth Counseling.*

Unplugged Psychology. (2025). The power of intermittent reinforcement in relationships. https://unpluggedpsych.com

Van der Kolk, B. (2014). *The body keeps the score: Brain, mind, and body in the healing of trauma*. Viking.

Wakefield, M. (2023). The cycle of narcissistic abuse. *Psychology Today.*

Ward, K. (2024). Spiritual abuse and the distortion of divine identity. *Journal of Religion and Trauma.*

Winnicott, D. W. (1965). *The maturational processes and the facilitating environment*. International Universities Press.

Winnicott, D. W. (2016). The concept of the false self. En L. Caldwell & H. T. Robinson (Eds.), *The collected works of D. W. Winnicott: Vol. 7, 1964–1966* (pp. 27–32). Oxford University Press.

Wright, M., & Crawford, E. (2020). Parental narcissism and child outcomes. *Child Abuse & Neglect, 108*, 104–118.

Wright, N. T. (2012). *After you believe: Why Christian character matters.* HarperOne.

www.ingramcontent.com/pod-product-compliance
Lightning Source LLC
LaVergne TN
LVHW050946250826
846485LV00044B/1000

* 9 7 8 1 9 3 8 4 3 2 7 0 5 *